中华先锋人物
故事汇

谭竹青
"小巷总理"

TAN ZHUQING
XIAOXIANG ZONGLI

闫耀明 著

图书在版编目（CIP）数据

谭竹青："小巷总理"/闫耀明著. —南宁：接力出版社；北京：党建读物出版社，2021.6

（中华人物故事汇. 中华先锋人物故事汇）

ISBN 978-7-5448-7218-8

I.①谭… Ⅱ.①闫… Ⅲ.①传记小说－中国－当代 Ⅳ.①I247.5

中国版本图书馆CIP数据核字(2021)第095979号

谭竹青 ——"小巷总理"
闫耀明　著

责任编辑：	车　颖　赵梦姝
责任校对：	刘会乔　杨　艳
装帧设计：	严　冬　许继云　　美术编辑：高春雷
出版发行：	党建读物出版社　接力出版社
地　　址：	北京市西城区西长安街80号东楼（邮编：100815）
	广西南宁市园湖南路9号（邮编：530022）
网　　址：	http://www.djcb71.com　　http://www.jielibj.com
电　　话：	010-65547970/7621
经　　销：	新华书店
印　　刷：	中煤（北京）印务有限公司

2021年6月第1版　　2022年3月第2次印刷
787毫米×1092毫米　32开本　　5.75印张　　80千字
印数：10 001—15 000册　　定价：28.00元

本社版图书如有印装错误，我社负责调换（电话：010-65547970/7621）

目 录

写给小读者的话 ………………1

梳小辫的小姑娘有个大理想 ………1
希望生活越来越"如意" ………7
小房子，大房子 ………13
临时辅导班 ………21
小饭桌上饭菜香 ………29
消失的"冰山" ………37
一年过两次生日的老人 ………45
一吨煤块的"温暖" ………53
别样的培训基地 ………59
解决问题的大市场 ………67

同时看两台电视机·········75

幸福妈妈·············83

细雨中的来访者·········91

搬掉徐家的"四座山"······97

温暖的家············103

美丽家园············111

独一无二的"邻居节"·····117

有特色的听证会········125

挣多少钱才够花?·······133

干愿意干的事情才幸福·····139

弟弟的委屈···········145

婚礼上的特殊贺词·······153

特殊的"钉子户"········161

"小巷总理"精神在传承····169

写给小读者的话

亲爱的小读者,如果我问你,有人为了修建足够大的幼儿园,宁愿把自己家的房子扒掉一间,这样的事情你信吗?

如果我问你,有人为了及时了解国家和地方都发生了什么大事,同时看两台电视,而且锁定在新闻频道,这样的事情你信吗?

有人为了增进邻里之间的团结友爱和互帮互助,组织了独一无二的"邻居节",这样的事情你听说过吗?

我说的这些事情都是真的,这个总是热心帮助别人的人,就是吉林省长春市二道区东站街道十委社区居委会主任谭竹青奶奶。

一九三一年五月，谭竹青出生在长春市一座低矮的平房里。那是一个动荡的年代，老百姓的生活十分艰难。不久，在沈阳就爆发了震惊中外的九一八事变，东北沦陷。谭竹青从懂事起，就目睹了老百姓困苦的生活状态，她最大的理想就是做一个帮助别人的人。新中国成立后，谭竹青用自己的实际行动，践行着自己小时候立下的誓言：做一个帮助别人的人。

为了解决居民吃早餐的问题，谭竹青拿出自己家的全部积蓄，带着居民捡砖头自己建房，办起了十委社区第一个早餐点"如意小吃部"；

为了让脖子上挂着钥匙的小学生吃上热乎的午饭，谭竹青精打细算省下资金办起了小饭桌，免费为孩子们提供午餐；

为了让浪子回头，谭竹青以妈妈的身份去看守所探望失足青年，用爱心温暖、感化着他，真的让一个浪子回了头；

为了给居民解决生计问题，谭竹青起草可行性报告，筹资金，建起了一座三千五百平方米的室内

综合市场,这是长春市第一个由社区牵头兴建和管理的大市场;

为了改善居民的居住条件,谭竹青向上级汇报情况,找开发商谈困难,促成了十委社区棚户区改造被列入安居工程,建起了一片干净明亮的大楼房,使伊通河畔的"龙须沟"华丽转身,变成了一个现代文明的新社区;

……

这样的例子实在太多太多了。

谭竹青在长春市二道区东站街道十委社区居委会工作近五十年,凭着一种责任感走百家门,知百家情,解百家难,暖百家心,为社区群众办了许许多多的实事,用半个世纪的行动,谱写了勤勉为民的感人篇章。

"上有国务院,下有社区办。""为官一任,就得造福一方。"这是谭竹青经常说的话,也被她落实在了具体的工作中。

于是,社区居民们便送给这位人人爱戴的老奶奶一个响亮的称谓——"小巷总理"。

二〇〇九年九月，谭竹青被评为100位新中国成立以来感动中国人物之一。

谭竹青这位"小巷总理"都有哪些感人的事迹？她为什么会"感动中国"？就让我们翻开这本书，来认识一下谭竹青奶奶吧！

梳小辫的小姑娘有个大理想

一九三一年五月,过了立夏节气,天越来越暖和了。吉林省长春市一座低矮的平房里传出婴儿洪亮的哭声,一个女婴降生了。

谭家添了个孩子,左右邻居都来道喜。这个女孩,就是谭竹青。

那是一个动荡的年代,大量的日本商人、军人在沈阳、长春等东北城市活动,为侵略中国做准备,老百姓的生活十分艰难。不久之后,在沈阳爆发了震惊中外的九一八事变,东北很快沦陷。到了一九三二年初,日本扶植早已退位的清朝末代皇帝溥仪,在长春建立伪满洲国。

谭竹青从懂事起,就目睹了家乡民不聊生的

社会状况。她想帮助那些在困苦中挣扎的穷人，可是她家也和其他人家一样，艰难度日。后来，弟弟出生了，家里的日子更加困难了。

"爸爸，我们家，还有附近那些人家，为啥都这么穷啊？"小小的谭竹青问道。

爸爸摇着头，说："政府没有把我们穷人当回事。"

"妈妈，我们家，还有附近那些人家，为啥都这么穷啊？"谭竹青又问妈妈。

妈妈的身体不好，她叹口气，说："外面兵荒马乱的，谁管咱们穷苦人啊？"妈妈似乎是在回答谭竹青，又好像是在补充爸爸的话。

妈妈操持家，爸爸努力干活儿。虽然生活困难，但是一家人和和气气的，日子还能过下去。

有一天，住在附近的三奶奶病了，请了郎中，却抓不起药，眼看着人一天天瘦下去。妈妈把家里不舍得吃的一点儿白面拿出来，将蒸好的馒头送给三奶奶吃。谭竹青跟着妈妈去看三奶奶，可三奶奶拿着白面馒头，费力地冲谭竹青和妈妈笑了笑，还没咬上一口，就倒了下去。

回家的路上，谭竹青告诉妈妈："等我长大了，要帮助像三奶奶这样的穷人。"

妈妈没说话，摸了摸谭竹青的头。

父母的善良和热心肠，在无形中影响着谭竹青。

到了该上学的年纪，尽管家里很困难，父母还是把谭竹青送到学校，让她学习知识。因为他们知道，只有掌握了知识，懂事的女儿眼界才能更加开阔，将来才能成为一个有用的人。

上课时，谭竹青认真听先生讲课，学写字也十分认真。她总是把每一个字都写得端端正正，先生经常在课堂上夸奖谭竹青。

下课了，谭竹青和小伙伴们在学校的操场上追逐玩耍，很是开心。男孩们喜欢玩"撞拐"，他们盘起一条腿，用另一条腿跳来跳去，互相撞膝盖。女孩们喜欢玩跳房子。谭竹青用石头在地上画出方方正正的格子，在格子里面跳。先生夸她格子画得工整，说："等你长大了，可以当建筑师。"

话题被先生引到了将来干什么上，有的同学

说想当兵,做一个神枪手,打鬼子;有的同学说想当厨师,能吃到各种各样的好吃的……谭竹青的同桌小燕子说,她想当一名裁缝,做出世界上最体面的衣服。

"谭竹青,你长大了想干什么?"先生问,"是不是真的想当一名建筑师?"

谭竹青看着先生,说:"我想做一个能帮助别人的人。"

先生一愣,弯下腰看着谭竹青,说:"你这个答案太模糊,不够准确。"

可是,谭竹青想了好一阵子,也没有想出准确的答案。"反正我就当一个能帮助别人的人。"她晃晃头,摇了摇头上的小辫子。

小燕子嚷着说:"先生,先生,我知道,谭竹青是想当官。"

可谭竹青说:"我不想当官,只想做一个能帮助别人的人。"

先生站直身子,说:"谭竹青这个理想啊,不小,真的不小。"他走开了,嘴里还在念叨,"这是个大理想啊……"

小燕子点点头，说："谭竹青，你这个理想，真的不小。我觉得你想得比我多。"

谭竹青说："我要是能帮助别人，三奶奶就不会死得那么早。"

那些玩"撞拐"的男生都停下来，敬佩地看着谭竹青。

但是谭竹青心里的朴素想法，迟迟没有实现，战乱、饥荒始终伴随着她的成长。

后来，父母相继去世。那时，谭竹青的弟弟只有三岁，姐弟俩相依为命，过着艰难的日子，能够勉强活下来就已经不错了，根本说不上去帮助别人。

谭竹青渐渐长大了，接触了帮助劳苦大众翻身得解放的中国共产党，她觉得自己找到了实现理想的机会。一九四八年夏天，谭竹青参加工作，在长春市郊区大屯镇从事妇女工作。一九四八年十月，长春解放，她开始全身心地投入到工作中。

解放了，新中国成立了，中华民族在中国共产党的领导下，开启了新征程。这时的谭竹青才真切地懂得，自己小时候的理想的真正含义。

"我要做一个为民解忧、为民服务的人！"谭竹青在心里暗暗地告诉自己。

从那时起，谭竹青就把自己的全部精力都投入到为百姓服务的工作中了。她的工作积极性高，而且懂得百姓特别是广大妇女的疾苦，得到了群众的信任和支持。很快，组织上任命谭竹青为大屯镇妇女主任。后来，她又担任了西新乡的副乡长、妇女主任，一直工作到一九五六年八月。

一九五六年九月，组织上将谭竹青调到了长春市朝阳区重庆街道第二居民委员会担任主任。后来，谭竹青与居住在长春市二道区东站街道的宋国华相识并结婚，她的工作也随之调到了东站街道，担任第十居民委员会（以下简称"十委"）主任。

在居委会，谭竹青一干就是四十八年，一直到她病逝。谭竹青用近半个世纪的时间，践行着自己还是一个梳着小辫子的小姑娘时就确立的理想。

希望生活越来越"如意"

天刚亮,谭竹青就起来了,站在街面上张望。

十委社区有三条胡同一条街,是典型的棚户区,街面上几乎没有什么生活设施,每一家都挤在低矮破旧的红砖房里。

谭竹青觉得,这样的落后面貌,该改一改了。

谭竹青产生这样的想法并不奇怪。一九七八年十二月,党的十一届三中全会胜利召开,党中央提出要把工作重心转移到经济建设上来,这让谭竹青看到了改变十委社区面貌的希望。

可是,要改,从哪里下手呢?

太阳出来了,照在谭竹青的肩上,暖暖的。她知道,这温暖来自中央的好政策。同时,她也感到自己肩上的担子沉甸甸的。自己是十委的主任，在这三条胡同一条街上，自己就是全体居民的主心骨。

"谭姨，早啊！"刚刚结婚不久的小林和梅子走过来，他们手牵着手去上班。

"你们早啊。"谭竹青和小两口打招呼，"这么早，还没吃饭吧？"

小林说："这儿离单位太远了，做早饭来不及啊。"

谭竹青的心沉了一下，说："那也不能饿着肚子去上班啊。"

梅子满不在乎地说："我们年轻，饿一顿没事。"

看着小两口远去的背影，谭竹青忽然有了一个主意：我们十委办一个早餐点，行不行？

正想着，谭竹青看见一些居民急匆匆地往临河街那边去买早餐，她觉得自己的这个主意不错。一来，可以解决居民吃早餐起大早排长队的问题，免得年轻人饿着肚子去上班；二来，能够解决一些待业青年的就业问题；三来，还能为十委积攒点资金。这是件一举多得的好事情，谭竹青越想越高兴，兴奋地在自己的大腿上拍了一下。

"对，我们十委就从办早餐点开始！"谭竹青打定了主意。

吃完早饭，谭竹青就把居委会的班子成员召集到家里，说了自己的想法。

"大家都是社区的老住户，对这里最熟悉了，也最有感情。你们看，现在这里的环境，家家都是破旧的'趴趴房'，胡同的街面坑坑洼洼，晴天一身土，雨天一脚泥。现在中央政策好，咱们这里的环境也该变一变了。我琢磨着，咱们从办一个早餐点开始……"谭竹青说。

听了谭竹青的话，几个姐妹都有点吃惊。有人说："谭主任，办早餐点好是好，可是我们没有房子，没有钱，咋启动啊？"

谭竹青觉得，没有好办的事，也没有办不成的事，只要想办法，一定能成。她说了自己的决心，班子成员很快统一了思想。

谭竹青转身从柜子里翻出了家里的全部积

蓄——四百五十元钱。

在谭竹青的带领下，班子成员纷纷解囊，能出多少出多少，有的把准备给孩子办喜事和买电视机的钱都拿了出来。听说可以解决待业青年的就业问题，有的小青年拿出了父母给的买衣服钱，交给谭竹青。

建房子开销大，谭竹青有主意。她和班子成员先选好了地方，然后就带着大家去了伊通河，自己挖沙子，用手推车运回来。

休息日，小林和梅子他们看到一群阿姨干这样的重活儿，急忙跑过来说："弄沙子这样的活儿，我们来干。"一些待业青年也纷纷加入进来。

谭竹青心里高兴，她看到了"十委人"的觉悟，也感受到了十委社区的和谐。

沙子准备得差不多了，谭竹青带领大家脱土坯。她光着脚，和泥，一块块方方正正的土坯准备好了。

接着，谭竹青招呼大家："走，跟我走。"

大家不知道谭主任要干啥，跟着她到各个街道上去转悠。"把看到的砖头碎瓦，都捡起来。"

她吩咐大家,"我们没钱,还要建房子,只能变废为宝啦!"

见到有人拆房子,她就凑上前,跟人家要那些废掉的旧门窗。

一群叔叔阿姨带着一些年轻人,浩浩荡荡的一支队伍在大街小巷转了几天,建房子的材料便备齐了。

可建房子,大家都没有经验。这时,谭竹青的爱人宋国华主动提出当工程建设总指挥。他既当瓦匠,又当木匠,还是个不错的电工,吩咐大家干这干那,乐呵呵地把建房的大军指挥得有条不紊。居民们都积极配合,能干什么就干什么,人人都为建设早餐点做贡献。

几天工夫,一个简陋但是干净整齐的早餐点就建起来了。

小林说:"咱们的早餐点有了,起个名字吧。"大家便叽叽喳喳地议论起来。最后,大家都看着谭竹青。

谭竹青说:"我们操心费力地建这个早餐点是为了啥?就是想让我们的居民都过上称心如意的

好日子，我看，就叫'如意小吃部'吧，希望我们的生活越来越如意！"

如意小吃部开张了。为了节省经费，谭竹青把自己家的锅碗瓢盆和饭桌、菜墩都搬到了小吃部。

天还没亮，小吃部的工作人员便早早地忙活起来，有人去长春市里批发酥饼，有人和面，有人磨豆浆。大家忙到天放亮，一切准备停当。

小林和梅子第一个走进小吃部。"哇！"他们不由得发出一声惊叹。

只见热气腾腾的豆浆盛上来了，香甜可口的酥饼摆上来了，刚出锅的油条端上来了。

小林和梅子美滋滋地吃着早餐，说："我们再也不用饿着肚子去上班啦！"

居民陆续走进小吃部，高高兴兴地吃着早餐。有居民说："这回可好啦，不用起大早去临河街排队了。"

看着大家那股高兴劲儿，谭竹青的心暖暖的。她觉得，这个如意小吃部，也许真的就是日子一天天好起来的开端呢。

小房子，大房子

居民房秀芹对谭竹青说："谭姨啊，咱们社区要是能有个幼儿园，那该有多好啊！"

谭竹青看着年龄不大但是很憔悴的房秀芹，心疼地说："秀芹，别着急，这件事我已经在考虑了。"

谭竹青确实已经在考虑建一所幼儿园的事情了，因为在这里，像房秀芹这样的居民还有很多。

房秀芹带着孩子挤公交车的场景，谭竹青一直记在心里。

冬天，寒风料峭，路上滴水成冰。房秀芹早早出门上班，上班前，她还要把两个孩子送到幼儿园去。她背上背着老大,胸前抱着老二,踮着脚向远处张望,盼着公交车早点到来。车终于来了,房秀芹使劲往车上挤,可是人太多了,她带着两个孩子,几下就被人群给挤了下来。后背上的老大开始叫,胸前的老二也开始哭,房秀芹的心,如同在街面上掠过的风,凉凉的。她忍不住涌出了泪水。

房秀芹最大的愿望就是家门口能有个幼儿园。

老百姓的事,再小,也是大事。谭竹青深深地懂得这个道理。

"建!我们再难,也要在社区建设一个幼儿园!"谭竹青在心里暗暗地下了这个决心。困难,总是有的,但是办法也是有的。建设如意小吃部时,困难同样很大,不是也建起来了吗?

让谭竹青下定决心的,正是他们白手起家建设起来的如意小吃部。经过大家用心经营,加上平时一点一滴地积攒,靠小小的如意小吃部,十委已经有了一些积蓄。

谭竹青召开班子会,商量这件事。大家一致认为,这个幼儿园应该建。

做出了决定，谭竹青便请人进行设计。很快，设计图纸出来了。

谭竹青非常高兴，也非常激动，她拿着那厚厚的设计图纸，手在微微发抖。"我们就要有属于自己的幼儿园啦！"

谭竹青和居委会的其他成员带着设计人员到现场进行实地测量，却惊讶地发现，按照设计图纸的要求，计划建设幼儿园的地方不够！

这是一个新问题，居委会的人都愣住了。经过反复测量，规划的面积确实达不到设计图纸的要求。

设计人员说："要不，我改一改图纸吧。"

谭竹青问："把幼儿园改小了？"

"对。"设计人员指着平房边的空地说，"差了将近十平方米呢。"

谭竹青说："那就等于幼儿园少了一个房间。"

设计人员说："那就少一个房间吧。"

居委会的人也说少一个就少一个吧。

谭竹青在场地上来来回回地走，打量着这块地方。最后，她的目光落在了自己家的房子上。

建设幼儿园的地方,紧挨着谭竹青家的房子。

一个主意忽然冒了出来,谭竹青对设计人员说:"图纸不能改,幼儿园的面积不能缩水。我们建一个幼儿园,不容易,孩子的事是大事,就按照图纸的尺寸来!"

"那……"设计人员有点发蒙,"差的那十平方米,咋解决?"

谭竹青指着自己家的房子,说:"拆!把我家靠幼儿园的那间房子拆了!"她的态度十分坚决。

"啊?"众人都惊呆了。

"拆房子?那怎么行?"居委会的人都连连摇头,"不行,不行,那绝对不行。你家的房子,已经够紧巴的啦,再拆,咋住?"

没有人赞同这个方案。

可谭竹青坚持,她说:"这件事,就这么定了。"

一听要拆自己家的房子建幼儿园,谭竹青儿媳妇的眼泪就落了下来。她说:"妈,您干工作,我们做儿女的支持。这么多年,我们哪一件事没有支持您？可是，这件事我有意见。您看看我们家，三代人挤在这里，本来就不宽敞，要是少了一间房，可真就没法住了。我……不同意。"

看着泪眼婆娑的儿媳妇，谭竹青很难受，因为儿媳妇说的也是实情。但是，为了幼儿园，她不能不这么做。

一向做事果敢执着的谭竹青，狠了狠心，劝儿媳妇说："孩子啊，妈做出这个决定，对不住你啊。你嫁到我们宋家，让你受苦啦。说实话，拆房子，妈的心里也不好受啊。可是，一边是我们自己的小家，一边是居民眼巴巴盼着的幼儿园，哪个轻哪个重，妈得掂量好啊。谁让妈是主任呢？"她拉着儿媳妇的手说，"幼儿园的图纸，设计得挺好的，不能改了。妈也想好了，我和你爸可以打地铺，睡地上。等以后咱们家条件好了，妈一定帮你换一个大一点儿的房子。行不行？"

儿媳妇看着一夜之间就添了许多白发的婆婆，能说什么呢？她懂婆婆，一个能把自己一个月的工资都拿出去捐给别人治病的婆婆，一个把家里所有积蓄都拿出来办如意小吃部的婆婆，一个走百家门、知百家情、解百家难、暖百家心的婆婆，一个为社区的老百姓做了那么多实事好事的婆婆。她能说什么呢？贤惠善良的儿媳妇抹抹眼泪，点了点头。

谭竹青动情地、紧紧地拥抱着儿媳妇。

施工的日子到了，施工队进驻，准备先拆谭竹青家的房子。阴沉已久的天空忽然降起了大雨，又急又密的雨滴从天而降，落在地上，落在人们的身上。谭竹青一家、施工人员，还有社区的居民，都站在雨中。

"拆呀！"谭竹青说。

可施工队的工人站在雨中，没有人肯上前。

谭竹青走上前去，她踩着泥水，抓起一把镐头，来到房前，高高地举起，向着自己家的房子，用力刨去……

大雨如注。

在场的人默默地站着，泪水夹杂着雨水，顺着脸颊落下来。

幼儿园终于建起来了。那是一幢漂亮的大房

子，宽敞、明亮，里面的设施一应俱全。

谭竹青的家，却变小了。她和家人克服了很多困难，七口人蜗居在不足十五平方米的小房子里，一住，就是十年。

临时辅导班

从街道办事处开会回来,谭竹青走在街面上。夕阳仍然鲜亮,光线斜斜地射过来,照在她的脸上。一阵尖厉的叫喊声传过来,接着,一群男孩子的身影就出现在了谭竹青的面前,他们脚下踢起来的尘土飞扬着,搅得落日的余晖不再清透。

"慢点跑,别摔着!"谭竹青大声叮嘱着。

可是,孩子们并不在乎谭竹青的提醒,依旧玩得很兴奋。他们追来撵去,跑成一团,有的摔倒在地上,衣服上沾满了尘土,顾不上拍打几下,继续疯跑,叽叽喳喳的笑声、叫声在不宽的街上飘荡着。

女生们呢?她们就文静多了,慢慢地走着,

手里拿着棒棒糖，笑嘻嘻地吮吸着。她们没有急于回家，站在街上，边说边笑。

谭竹青站着，看那些孩子的身影。一个问题出现在她的脑海中："孩子们放学了，为啥不回家？"

转念一想，谭竹青就抬手轻轻拍了拍自己的额头："孩子们放学了，可是他们的家长还没下班。"

就是说，在孩子放学和家长下班之间，有一段空当时间，所以孩子们在街上疯跑疯玩。

正想着，谭竹青忽然听到不远处传来两个孩子的争吵声，接着，他们打在了一起。女生们吓得往后躲。

"你们住手！"谭竹青走过去，厉声呵斥。

两个男孩松了手，但是都梗着脖子，一边整理斜着的衣襟，一边噘着嘴巴，一副不服气的样子。

"不许打架！"谭竹青说，"放学了，你们咋不回家写作业呢？"

有个女生小声地说："家长还没回来。"

谭竹青指着他们的脖子，说："你们脖子上不是挂着钥匙吗？别在这儿疯跑啦，回家去！"

一个男孩说："一个人在家没意思。"

另一个女生说："谭奶奶，我们玩一会儿跳房子再回家。"

也有孩子说，他们没有钥匙，必须等爸爸妈妈下班才能回家。

"是这样啊。"谭竹青自言自语道，"孩子们放学了，大人还没下班，这中间应该有一个多小时的时间。孩子们没有地方去，这是个问题啊！任由孩子们这样玩耍，容易打架，还不安全。"

想到这儿，谭竹青叮嘱他们道："你们好好玩，不许再打架啦！你们要是再胡来，谭奶奶可饶不了你们！"

孩子们都知道谭奶奶的厉害，连大人都服气，自然没人再敢打架。他们说："谭奶奶，我们玩一会儿就回家，您就放心吧。"

"我怎么能放心呢？"谭竹青念叨着，回到家里。她想着孩子们打架的情景，越想越觉得不放心。"怎么办呢？"

晚上，谭竹青找来居委会的其他成员，大家坐下来，商量对策。"孩子们放学早，回来了就在街上跑来跑去的。冬天冷，冻得小脸通红。夏天热，赶上下雨天，更麻烦。孩子们遭罪不说，还不安全。我看，咱们应该想想办法，不能让孩子们放学了没地方去。"谭竹青说。

大家研究了好一阵，基本达成了共识：把放学的孩子们组织起来，居委会腾出一个房间，让他们一起复习功课，写作业。

但是问题来了，居委会这些人，年龄普遍大了，文化程度不高，不能辅导孩子们写作业。

找谁来当辅导员呢？

"请退休在家的老干部、老工人。"有人说。

"不行。现在孩子们学习的知识难度不小，老同志已经整不明白了。"谭竹青摇摇头。

"老的不行，那就请年轻的。"有人说。

"对！请大学生！"谭竹青说。

"这是个好主意！"大家纷纷表示赞同。

在十委辖区里，有一些正在上大学的学生。另外，辖区里还有街校共建单位，与大学有联系。请这些在校大学生辅导孩子们做功课、写作业，是个好办法。

"就这么办！"谭竹青高兴地说。

说办就办，第二天，谭竹青就去了大学，跟校领导谈了这件事。大学领导很支持，立即落实。

居委会的其他人，则对十委辖区内的大学生情况进行摸底调查。很快，愿意来十委社区当志愿者的大学生名单确定了下来。

谭竹青说："我们办这个临时辅导班，不是小事情，从我们的角度讲，要保证孩子们放学了都能来，还不能调皮。所以，我们应该正规一点儿，给临时辅导班起个名字，我看就叫'红领巾之家'吧。"

议论一番，大家都觉得这个名字不错。经过研究，他们把社区综合服务大楼二楼的一间办公室腾出来，做"红领巾之家"，还在门口挂了牌子。"红领巾之家"每天开门的时间为下午四点到六点。

正式通知发下去了，居民们对社区的这个决

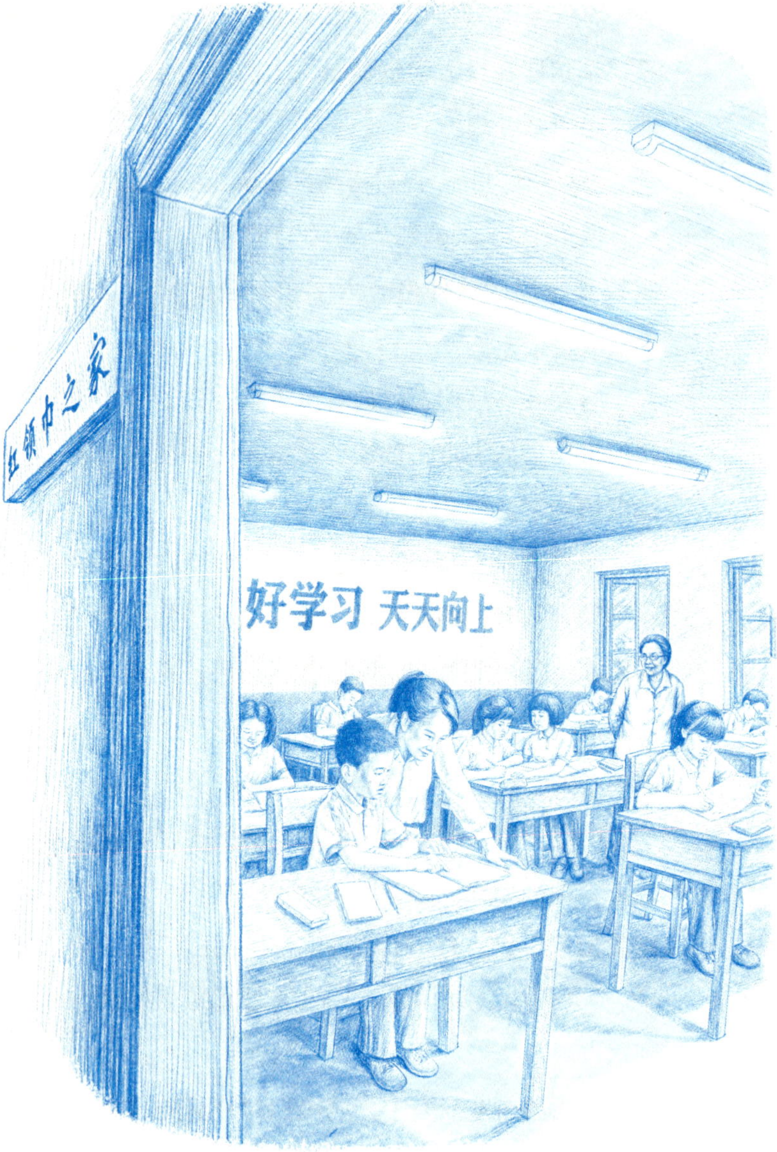
红领巾之家
好学习 天天向上

定拍手叫好。很多居民兴奋地告诉谭竹青:"这个决定太好啦,我们正愁孩子放学了没地方去呢。"

从那天起,社区综合服务大楼里,每天下午放学后都有一群孩子来到"红领巾之家",安静地坐下来,看书,写作业。有不会的地方,还可以请教大学生志愿者哥哥姐姐。

看着孩子们不再疯跑疯玩,能够安静地写作业,谭竹青的心里乐开了花。

小饭桌上饭菜香

中午,谭竹青刚刚从家里吃完午饭回到社区综合服务大楼,就见居民雅慧急匆匆地走进来,说:"谭主任,你去看看。"

谭竹青的心一沉,问:"咋啦?"

雅慧说:"你到街上看看就知道了。"

谭竹青跟着雅慧来到大楼门前,向街上望去。只见街上没有几个人,只是偶尔有行人在亮亮的阳光下走过。这时,谭竹青的目光落到了几个玩耍的孩子身上,她隐约感到雅慧喊她就是来看那几个孩子的。

那是几个男孩子,每一个人的脖子上都挂着钥匙,但是他们并没有回家,而是围成一圈,蹲在地上，玩一种圆圆的硬纸板。

谭竹青明白了。她对雅慧说："走，我们看看去。"

谭竹青和雅慧来到男孩子们跟前，低头看着他们玩。她看那圆圆的硬纸板不大，上面的图案很鲜亮，一张是"奥特曼"，另一张是"金刚葫芦娃"。

这样的硬纸板谭竹青见过，很多小摊上都有卖的，不贵。甩硬纸板是男孩子喜欢玩的游戏。

见谭竹青来了，有几个孩子没说话，悄悄溜走了。他们认识谭竹青，都有点怕她。

最后一个男孩被谭竹青拉住了。

谭竹青问："喜欢玩？"

男孩抬头看看谭竹青，点头说："是。"

谭竹青说："你一定玩得不错。"

"还行吧。"男孩子说着，来了兴致，开始给谭竹青讲自己玩纸板的经历。"我买到一张两面都是一样颜色和图案的纸板，就专门和低年级的小孩玩。他们注意不到我的圆纸板两面是一样的，我就咋玩都赢。"男孩子扬扬得意地说道。

谭竹青问:"这个秘密是别人告诉你的,还是你自己发现的?"

"我自己研究出来的。"男孩子自豪地说。

谭竹青又问:"你学习挺好的吧?"

男孩说:"还行吧,在全班排第三十二名,我们班有六十二名学生呢。"

谭竹青看到男孩的校服上挂着胸卡,他是小学五年级的学生。

谭竹青说:"你要是把琢磨玩硬纸板的精神头用在琢磨学习上,那你的成绩就不止排第三十二名了,说不定可以进班级前几名呢。"

听了谭竹青的话,男孩一脸茫然。

"今天又赢了多少硬纸板?"谭竹青问。

"赢了十八个。"男孩子高兴起来,握着厚厚的一摞硬纸板,美滋滋地给谭竹青看。

谭竹青说:"谭奶奶告诉你,玩可以,但要适度。当你玩得尽兴时,你可能也在失去更为重要的,你原本不愿意失去的东西。"

男孩看着谭竹青,琢磨她说的话。

沉默了一会儿,男孩说:"谭奶奶,我明白您的意思了。"

"真明白了?"谭竹青和蔼地问。

"真明白了。"男孩说着,将硬纸板收了起来。

"错了?"谭竹青问。

"错了。"男孩说。

"错在哪儿了?"谭竹青又问。

"错在不该把精神头放在赢硬纸板上。"男孩说。

谭竹青笑了,摸摸男孩的头,说:"人总是要犯错误的,不断改正错误,就会一点点进步。知错就改,你是个好孩子。"

男孩点点头。

雅慧问男孩:"吃饭了吗?"

男孩摇摇头。

谭竹青一惊,问:"为啥不吃午饭?"

男孩胆怯地看了看谭竹青和雅慧,说:"妈妈给的午饭钱,我……买硬纸板了。"他说话的声音越来越小。

"宁愿饿着?"谭竹青追问。

男孩不说话,低着头。

谭竹青看了看雅慧,说:"这样可不行,孩子正是长身体的时候,哪能不吃午饭呢?"

雅慧说:"所以我才喊您呢,应该想个办法,像这种情况,应该不是一两个孩子。"

谭竹青想了想,对雅慧说:"你调查一下,在咱们社区有多少脖子上挂着钥匙的小学生。"说着,她领着男孩回到自己家,安排男孩吃午饭。

下午,谭竹青把班子成员召集到一起,召开了一次社区议事会,专题研究社区里的小学生的午饭问题。

会上,谭竹青说了中午的情况,听大家发表意见。

大家议论纷纷,认为这样的事情不是个例,具有普遍性。但是,要管理起来,难度很大,毕竟孩子不是大人,在吃饭和玩的问题上缺乏自制力。

最后大家认为,唯一的办法就是让孩子们集中吃午饭。

"对,我们办一个小饭桌,解决社区里的小学生吃午饭问题。"谭竹青做出了决定,"我们十委办的企业有十几家了,效益还不错,我们拿出一点儿钱来,免费让孩子们吃午饭。我们要把孩子的事情办好,因为孩子是祖国的未来,我们不能亏了孩子,这点钱,我们该花。"

大家都赞同谭竹青的观点,而且社区食堂办得不错,饭菜营养搭配均衡,孩子们在这里吃午饭完全能吃好。

事情定了,谭竹青就安排社区工作人员各自做着准备,因为社区食堂需要准备的饭菜量加大了。

中午,只要没有其他事情,谭竹青都要在社区食堂门口迎接孩子们。看着那些脖子上挂着钥匙的小学生笑嘻嘻地走过来,她总是摸摸他们的头,慈祥的目光中充满了对孩子浓浓的爱。

"谭奶奶好!"

"谭姥姥好!"

每一个来到食堂的孩子都会跟谭竹青打招呼,好像谭竹青就是他们的亲奶奶、亲姥姥。

"孩子们好!"谭竹青开心地回应着。

阳光暖暖的,照着孩子们稚嫩的笑脸。

厨房已经把饭菜都准备好了,孩子们在小饭桌前坐下来,开始吃饭。饭是香喷喷的,菜也是香喷喷的,孩子们吃得很开心,每个人的脸上都荡漾着喜悦。

看着孩子们,谭竹青也笑了,她脸上的笑容如窗外的阳光般明亮、灿烂。

消失的"冰山"

冬日的长春,北风凛冽,没遮没拦地在街面上扫过,打在脸上,像小刀一样锋利,割得皮肤疼。

谭竹青早早走出家门,到社区去。路过街边的排水孔时,谭竹青意外地发现,堆积在排水口的"冰山"不见了,排水口干干净净的。此时,太阳还没有露头,北风呼呼地吹着,是谁刨掉了"冰山"呢?她疑惑地抬起头,四下张望。可是,街面上一个人影也没有,居民们都还没有出来。

带着疑问,谭竹青来到办公室,坐下来想"冰山"的事。

冬天了,家家都生了炉子,人们往外倒煤灰

和脏水的时候，有些人图省事，把煤灰和脏水混在一起，都倒在了排水口上。因为有煤灰，脏水排不出去，北风一吹，很快就冻上了。开始时没有人注意这个问题，时间长了，被冻住的煤灰和脏水就慢慢积聚成了一个小小的"冰山"，而且，"冰山"越来越高，越来越大。

发现这个问题之后，谭竹青就和居委会成员商量，准备与环卫工人沟通一下，把"冰山"清除掉；再宣传一下，呼吁大家不要图省事，将煤灰和脏水分着倒。

可是，他们还没有和环卫工人谈这件事呢，"冰山"就不见了。是谁干的呢？

谭竹青把社区里的人细细琢磨了一遍，也没有得出结论。

看来，有人要当无名英雄啊。谭竹青在心里默默地想。

当无名英雄是好事，说明居民的素质有了提升。可是，这个人是谁，谭竹青需要弄清楚。

该回家吃早饭了，谭竹青来到街上，发现一个熟悉的身影正在排水口前转悠，劝阻那些没有把煤灰和脏水分开倒的居民。

"叔啊，慢点倒脏水，让脏水和煤灰分开，把煤灰倒到垃圾箱里去。"

"阿姨，我来帮您倒吧，这煤灰跟脏水混在一起，一天就能把下水道给堵严实。"

远远地看着那个身影，谭竹青的心颤了一下。原来那个无名英雄是他呀！

谭竹青眼前的这个无名英雄，是小刘。

在十委社区，没有人不知道小刘，因为他是这里远近闻名的混混儿，被人们称为"歪脖树"。

小刘三岁的时候妈妈就去世了，是爸爸把他拉扯大的。但是爸爸脾气不好，对小刘疏于管教，时间长了，小刘接触了社会上的"后进青年"，一点点学坏了。他爸爸看到儿子变成了这样，开始从严管教，但是已经晚了。渐渐地，小刘爸爸就失去了信心，任由他混下去。这样，一天天长大的"歪脖树"更"歪"了。

因为小刘，谭竹青没少操心，她一次次跟小刘谈心，希望他能走上正路，可是效果一直不好。自暴自弃的小刘"野"惯了，没有把谭竹青的努力当回事，这让善于做思想工作的谭竹青很失望。

有一次，小刘又犯事了，被警察抓住，进了看守所。

听到这个消息，谭竹青心里非常难过。

谭竹青仔细分析了小刘的情况，感觉这个孩子虽然学坏了，触犯了法律，但其中有很多客观的因素，他的本质还是不坏的。谭竹青觉得小刘应该还能回头。谭竹青做出了决定，她要下力气挽救小刘。

看守所里的小刘心里凉凉的，回顾了一下从小到大走过的路，他觉得缺少家庭温暖，自己的童年是灰色的。

此时的小刘最希望的就是有人能够带给他温暖，能够慰藉他的心灵。

可是他觉得这一切只能是奢望了，没有人会关心他。

这时，警察来了，说："小刘，你妈妈来看你啦。"

小刘一愣，随即不屑地哼了一声，说："我早就没有妈妈了,我没有亲人。"

警察不解,说:"来人说是你妈妈。走,跟我走吧。"

小刘疑惑地跟着警察,来到会见室,他看到等在外面的竟然是谭竹青!

小刘愣住了,望着眼前这个慈祥的老太太,说不出话。

就是这个老太太,不止一次地劝说他,收留他,照顾他。可是,他全没把谭竹青的这些关心记在心里,甚至用刻薄的语言和我行我素的行为伤害着她。

现在,自己进了看守所,正是心灰意冷的时候,谭竹青来了,拿着东西来看他了。小刘的心剧烈地颤抖了几下,委屈、悔恨、歉意一起涌上他的心头,泪水忍不住流了出来。"谭姨……"小刘已是泣不成声。

谭竹青和小刘面对面坐着,说:"孩子,谭姨来看看你。"

小刘的嘴唇不停地抖,说:"我爸爸都不要我了,谭姨,你来看我干吗?我……我是完了……"

谭竹青紧紧地抓着小刘的手，说："孩子啊，你不能灰心啊！就算是你爸爸不管你了，谭姨管你，从今天起，谭姨给你当妈妈。傻孩子，你这么年轻，以后的路还长着呢，可不能自暴自弃啊！谭姨相信你，你不是坏孩子，犯了错误不要紧，咱改，好好改。谭姨看好你。"

很少掉眼泪的小刘此刻再也控制不住自己的感情，在谭竹青面前放声大哭起来。

感动小刘的是谭竹青那浓浓的爱和对他的信任。

站在一边的警察看明白了一切，拍着小刘的肩叮嘱他："你真有福气，能遇到谭姨。好好改造吧，可不能辜负谭姨的一片心啊！"

小刘暗暗地下决心，一定要好好报答谭姨的恩情。

在小刘走出看守所的那一天，细雨蒙蒙，小刘看到站在对面等着他的，是他的谭姨。

俗话说：浪子回头金不换。小刘变成了另外一个人，他爸爸欣喜地看到了儿子的变化，把他接回了家。

谭竹青在十委办的企业里给小刘安排了一份工作,他能养活自己了。获得新生的小刘每天早出晚归,工作积极努力,很快成为厂里的先进,还上了光荣榜。

小刘看到街边坚硬的"冰山",便用镐刨掉了它。为了不被人发现是他干的,他起得很早,没有人看到他在寒风中抡起镐头的身影。

提醒完倒垃圾的居民,小刘回家了。望着小刘离去的背影,谭竹青笑了。

"冰山"消失了,你站得更高了。小刘,你这个无名英雄当得好啊!谭竹青在心里由衷地夸赞。

一年过两次生日的老人

"谭主任,我该过生日了。你给我过生日吧。"说话的是有点糊涂的王大妈。

王大妈年纪大了,时常犯糊涂。不久前,她刚刚过了生日,没有多长时间,她就忘记了,又跟谭竹青提出要过生日。

"好,王大妈,我这就张罗给你过生日。"谭竹青并没有和王大妈解释,满口答应下来。

益寿院里的工作人员都面面相觑。

谭竹青小声说:"只要王大妈开心,我们就满足她这个愿望。"

大家明白了,各自去准备给王大妈过生日。

"王大妈有福啊,一年过两回生日。"

"在益寿院的老人，都是有福的人啊。"

大家一边干活儿，一边议论着。

谭竹青说："当初我们开办这个益寿院的目的是啥？不就是让老人们能安心养老，做个有福的人吗？"

益寿院建成之前，谭竹青对居住在十委社区里的八位孤寡老人就十分关心，平时有空了就到那些老人家里走走，看老人有没有困难。她还定期派人给老人送去米、面、油，还有煤和生炉子的柴火。

尽管谭竹青很尽心了，她还是觉得这样下去不是个办法，要是能建一个老年公寓，把这些老人集中起来，就更方便照顾。于是，她提出了建设益寿院的想法。

这时，已经到了一九八七年，十委的企业效益不错，有了一些积蓄。经过认真研究和多方论证，最后决定建设益寿院，为此，十委拿出了专项资金。

益寿院建起来了，八位孤寡老人有了新家。因为益寿院管理好，后来又有几位老人也搬了进来。

谭竹青知道，让老人们吃得好只是一个方面，老人们的精神生活同样十分重要。她把老人的生日列成表格，贴在墙上。到了生日这一天，她带着益寿院的员工一起给老人过生日，吃生日蛋糕，唱生日歌，其乐融融。

李世才老汉是第一个来到益寿院的老人，他双目失明，无依无靠，益寿院成了他的家。因为眼睛看不见，李老汉行动多有不便，谭竹青每次来益寿院，都要亲自动手帮助李老汉，带他上厕所，给他喂饭。

李老汉总是说："谭主任啊，你比亲人还亲啊！"

春节到了，益寿院里的老人有的被儿女接回家过年去了，有的则还在益寿院里。平时热闹的益寿院，此时显得有些冷清。

过年，是团圆的时刻啊，几位老人呆呆地坐着。

谭竹青来了，益寿院院长袁淑清来了，十委的班子成员来了，他们来陪孤寡老人过年了！

"老哥哥老姐姐们，过年好啊！"谭竹青一声问候，让老人们热泪盈眶。谭竹青抓着老人的手，给他们拜年。

李老汉看不见，他把脸凑到谭竹青跟前，问："谭主任，你们要在这儿和我们一起过年？"

"是啊。"谭竹青回答。

"当真？"

"当真！"谭竹青说，"老哥哥你听，我们十委的班子成员都来了，他们不是已经开始干活儿了吗？"

大家一起动手，包饺子，炒菜。

"家啊，这儿就是家啊！"李老汉轻轻地摇着头，不停地念叨着。

饺子煮好了，菜炒好了，大家坐下来，开始吃年夜饭。

谭竹青说："老年人岁数大了，特别需要精神上的安慰。过年了，是家人团圆的时候，我们来和各位老哥哥老姐姐一起过年，因为我们是一家人，是亲人。"

几位老人，几位居委会干部，大家边吃边聊，热热闹闹地吃了一顿年夜饭。

李老汉说:"谭主任,住在益寿院幸福啊。"

谭竹青拉着李老汉的手,说:"老哥哥,你就在这里安度晚年吧。"

人们都说,谭竹青对待益寿院里的老人,像对待亲人。

可老人们却说,谭主任就是我们的亲人。

王大妈享受着亲人般的照顾,但是她说不出来,常常犯糊涂的她,讲不出感激的话,但是她脸上那真诚的笑容,却是她愉悦心情的真实写照。

王大妈笑了,笑得像个孩子,看着摆在桌子中间的大大的生日蛋糕,看着特意给她煮的长寿面,她笑得特别开心。

"哈哈哈,过生日喽!"王大妈一边笑,一边拍手。

看着快乐的王大妈,谭竹青很高兴。

让老人们在益寿院快乐地生活是谭竹青最大的愿望。

"老姐姐,祝你生日快乐!"谭竹青说。

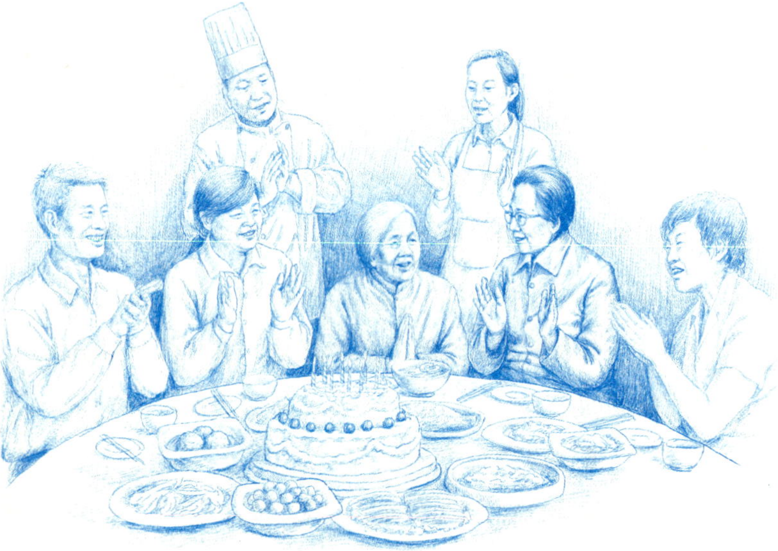

"王大妈,祝你生日快乐!"大家都说。

王大妈只是笑,拍着手。这是她一年中第二次过生日,这是特别的生日,她应该高兴。

谭竹青带头为王大妈唱起了生日歌,她的嗓音有点沙哑,但是她唱得那么真挚,那么动情,那么好听……

一吨煤块的"温暖"

谭竹青从外面走进来,围巾上、眉毛上结着一层白白的霜。她没有摘围巾,焦急地问老伴儿宋国华:"咱家的好煤块,还有多少?"

宋国华停下手里的活计,看着谭竹青,说:"还能有一吨吧。干啥用?"他知道老伴儿谭竹青问起家里的好煤块,一定是有事。

谭竹青走到宋国华面前,说:"我想跟你商量商量,董国祥、黄淑英老两口家没有煤了,家里冷得跟冰窖似的,我刚从他们家回来……"

不等谭竹青说完,宋国华就明白了,说:"那现在就给他们送去吧,我去弄手推车。"

"你没意见?"谭竹青问。

"没意见。"宋国华一边穿衣服,一边说,"咱俩过了这么多年的日子,你说的事,我啥时候不支持?"

宋国华说的是实话,自从与谭竹青结婚以来,宋国华给予了谭竹青极大的支持,只要是工作上的事情,只要是为社区里的居民好,宋国华从没二话。

看着老伴儿猫腰摆弄手推车的背影,谭竹青的心里酸酸的,她从内心感激宋国华。她走过去,拿起铁锹,往手推车上装煤。

谭竹青家的好煤块不多了,只剩下一吨。谭竹青心里清楚,把这些煤块送给董国祥家,她家就得烧热量很低的碎煤,但是她只能这么做,因为董国祥家太困难了。

"我来!"宋国华抢过铁锹,说,"这样的活儿哪能让你干?"说着,他抡起铁锹,往车上装煤块。

北风呼啸,夹杂着雪粒,在平房之间的小胡同里来回打旋,抽得谭竹青的脸麻疼麻疼的。冷风是个特别能纠缠人的家伙,每天来转悠,就是不肯离开。

手推车上装满了煤块,谭竹青和宋国华弓着腰,顶着凛冽刺骨的寒风,推着沉重的手推车,走过街面,向董国祥家走去。

但是他们走得很有力,因为他们给董国祥家送去的是驱散寒风的温暖。

董国祥、黄淑英老两口是十委社区里的住户,他们年纪大了,身边没有儿女,孤孤单单的,加上黄淑英身体不好,生活非常困难。平时,谭竹青不管工作多忙,都要抽空到董国祥家看看,了解一下他们的生活情况,看看他们还有啥困难。

今天,气温降得很厉害,谭竹青惦记着老两口,便又来到董国祥家。一进门,她就发现屋里特别冷,站了一会儿,鼻子尖儿都被冻僵了。一问,谭竹青才知道,老两口家的煤烧完了。

这怎么行?谭竹青暗暗想道。家里这么冷,董国祥还有关节炎,要是没有好煤块烧,老两口肯定得冻出病来。

于是,谭竹青立刻转身回家了,她知道自己家里还有一些好煤块。

董国祥和黄淑英老两口没想到，没过多长时间，谭竹青又回来了，还和宋国华一起把自己家的好煤块送来了。董国祥一时语塞，激动得不知道说什么才好："谭主任……这……这……"

临走，谭竹青叮嘱董国祥："老董啊，你老伴儿有肺心病，每次犯病都挺严重的。这大冷的天，淑英要是犯病了，就赶紧通知我。"

几天后，谭竹青感冒了。她四肢无力，发烧，还头疼得厉害。她知道，是自己经常顶着北风走家串户了解情况时冻着了。她吃了药，忍着头疼，躺下休息，希望好好睡一觉就好了。可是，谭竹青失眠了，持续的头疼赶跑了睡眠，一直到了半夜，她还没有睡着。

这时，有人敲门。是谁呢？谭竹青暗自猜想着。平时，居民有事都找谭竹青，半夜里有人来敲门的情况时有发生。

老伴儿宋国华起来开门，进来的正是董国祥："谭主任，淑英犯病了……她非让我来告诉你一声，我不好意思……"

"啥也别说了，淑英拿我当亲人呢。老董，咱们走。"谭竹青忍着头疼，拖着发软的身子，爬了起来，和宋国华一起用推车将黄淑英送到了医院，办理了住院手续。

从医院回来时，天快亮了。谭竹青也累得一点儿力气都没有了，一头栽倒在炕上，一连躺了好几天。

二〇〇四年，马上就要过春节的时候，谭竹青的工作更加忙碌了。这时，董国祥来找谭竹青。

"谭主任，还得麻烦您……"董国祥带着哭腔说。

谭竹青心里一沉，问道："咋啦？"

董国祥说："淑英快不行了。闭眼前，她想见见你。"

谭竹青急忙赶到董国祥家，坐在黄淑英身边，拉着她的手。黄淑英感激地望着谭竹青，嘴角现出一丝淡淡的笑意，安详地闭上了眼睛。

很快，春节到了。谭竹青惦记着董国祥，年三十这天，谭竹青带着社区干部来到董国祥家，和董国祥一起过年。她把自己家的年货都带来了，还亲自动手炒了几个菜，包了饺子。

董国祥拉着谭竹青的手，激动地说："谭主任啊，我懂你的心思，我刚刚没有了老伴儿，你是怕我一个人过年孤单啊。"

谭竹青说："老哥哥，你懂就好啊。你现在最需要的，就是精神上的安慰。"

吃着谭竹青亲手做的饭菜，董国祥的手不停地颤抖，他老泪纵横，连连感谢谭竹青对他的关心和照顾。"我过了一个特殊的年啊！"他说。

通过董国祥的事例，谭竹青意识到，关爱老年人需要一个固定下来的制度，这样才能不打乱仗。于是，在谭竹青的倡导下，十委成立了孤寡老人服务站，安排专人定期上门为老年人服务，帮他们洗洗涮涮、买粮油、打扫卫生。同时，为了丰富老年人的文化生活，十委还成立了活动室，为老人们准备了图书、棋牌，满足他们的各种兴趣需求。

别样的培训基地

一进门,谭竹青就觉得屋里的温度不对劲,一股闷热的空气扑面而来。"淑霞,你这屋咋比外面还热啊?"

看见于淑霞的表情,谭竹青的心沉了一下。她知道,此时于淑霞的心,比这屋里的空气还要热,还要闷。

在十委社区,于淑霞的能干是出了名的,她做过养狗、养君子兰等生意,都很不顺利,没挣到钱。后来,她又改跑长途运输,还是不行,不但赔了本钱,还欠下了一屁股债。更让她闹心的是,债主隔三岔五上门讨债,把于淑霞愁得睡不着觉,头发都白了。

于淑霞泄气了,觉得自己不是做生意的料,想想后面的日子,她的心越来越紧。

"淑霞啊,我今天来,就是和你商量做生意的事。"谭竹青坐下后,开门见山地说。

于淑霞无奈地冲谭竹青笑笑,说:"谭姨,经历了这么多的失败,我是赔怕了,没啥劲头了。"

谭竹青说:"说这样没志气的话,可不是我眼里的于淑霞!你这么年轻,遇到点困难挫折就泄气,那哪行?其实,在我们这里,你是能干的人,这大家都知道。"她拉着于淑霞的手,"我今天来,是有个新想法跟你商量。"

接着,谭竹青详细地和于淑霞说起了她的想法:"为了解决下岗待业人员的生活问题,咱们十委不是办了个露天马路市场吗?现在看效果还真不错。我来来回回走了几趟,发现市场上没有卖熟食的,这是个不错的商机。所以我琢磨着,你们两口子在市场上开个熟食铺,肯定行。"

于淑霞将信将疑地看着谭竹青,问:"谭姨,您觉得行?"

谭竹青说:"行!你有头脑,肯吃苦,你爱人还有那么好的手艺,我觉得肯定行。"

于淑霞思索着谭竹青的话。

谭竹青又说:"熟食铺的手续我去帮你跑,你就不用操心啦。"

于淑霞和爱人听了谭竹青的话,有了精神。"谭姨,有您的支持,我们就干!"于淑霞说。

经过一段时间的筹备,于淑霞的熟食铺在露天市场上正式开张了。

谭竹青几乎每天都要去于淑霞那儿转转,看看生意做得咋样。她还把自己能想到的都说给于淑霞听,提醒她保证熟食质量,待人要热情,不能缺斤少两,等等。

在谭竹青的帮助下,于淑霞的熟食铺果然生意很好,效益不错。每天,于淑霞两口子从早到晚都在市场上忙活。可到了晚上,露天市场没有电,收钱时就很费劲,有时还会收到假币。

谭竹青听说这个情况后,立即把自己家里的充电应急灯给于淑霞送来了。于淑霞不收,她知道谭姨家的平房经常停电,没有应急灯,很不方便。

谭竹青却执意把应急灯留下。"你们两口子辛辛苦苦忙活一天，要是收了假币，就白忙了。你们起早贪黑做生意不容易，只要把买卖做好了，谭姨就高兴啦。"

一晃几年过去了。

这天，于淑霞和爱人正在熟食铺里干活儿，谭竹青来了。她打量了一下小小的熟食铺，说："淑霞啊，你们干了这几年，生意做得挺好，也有了一些积蓄。我琢磨着，这个小铺已经不再适合你们了，你应该想着扩大一点儿规模，也能有个更好的发展。"

于淑霞和爱人对视一下，都看着谭竹青，说："谭姨，您的意思是……"

谭竹青说："咱们十委社区正在进行棚户区改造，建了那么多新楼，一楼的门市房很多。我看你们应该买个门市房，开一个大一点儿的饭店。"

于淑霞有生意头脑，听了谭竹青的话，她意识到这确实是一个不错的商机。"可是，我们手里的积蓄，还不够开一个饭店。"她扳着手指算了算，说。

谭竹青说:"谭姨想到这个问题了。这样,谭姨帮你们想想办法,能省点的地方就省点,能贷款的就贷点款。"

于淑霞高兴地说:"行,谭姨。"

第二天,谭竹青就去找开发商商量于淑霞买门市房的事。开发商不同意,说:"优惠了于淑霞,还有李淑霞、王淑霞,谁做生意不想多赚钱?优惠的事,免谈。"

虽然被拒绝了,但是谭竹青有韧劲儿,每天去开发商那儿商量。她说:"这不是我个人的事,而是我们居民的事。要是我个人的事,我绝不会找你。"

开发商被谭竹青感动了。"老姐姐,我看出来了,你对居民的事情比自己的事情还上心。"他答应了谭竹青。

谢过开发商,谭竹青又去帮于淑霞跑贷款,最后于淑霞以优惠的价格买下了一百七十平方米的门市房,只交了三十万元首付款,就开起了"真不同风味酱菜馆"。

于淑霞的心里乐开了花,做生意的劲头更

足了。

由于地理位置好,于淑霞的饭店很红火。

谭竹青有空了就去于淑霞的饭店看看,看到于淑霞两口子忙得开心,她也跟着高兴。

三年后,为了发展本地的经济,十委社区开展了全民创业活动。谭竹青觉得于淑霞的饭店是个好典型,就去找于淑霞,说:"淑霞啊,你现在富裕了,饭店经营得也越来越好了,谭姨放心啦。但是谭姨有个想法跟你商量,希望得到你的支持。"

"啥事?谭姨您说。"于淑霞爽快地说道。

谭竹青说:"咱们这里还有很多兄弟姐妹不会做生意,他们的发展需要得到帮助,我琢磨着得让他们学点手艺。一个人只有手艺在身,出去打打工,或者自己创业,才有本钱。这也是咱们开展全民创业活动的目的。我想呢,借你的饭店搞一个餐饮培训基地,你看咋样?"

于淑霞说:"谭姨,这么多年您在我身上可没少操心,您的想法,我支持。"

在于淑霞的支持下,她的饭店成了社区里一

个别样的培训基地。在谭竹青的主持下,两年多的时间里就培训了三十多名下岗待业人员。这些人有了一门手艺,生活得到了很大改善,有的人还当上了小老板。

于淑霞也被评为长春市二道区的"创业明星",广播、电视纷纷报道她的创业事迹。

于淑霞说:"以前我做生意屡次失败,要是没有谭姨的扶持,哪会有我的今天,是谭姨给我撑起了一片天!"

解决问题的大市场

太阳出来了,亮亮堂堂地照着街道,也照在街边露天市场那些新鲜的蔬菜上,青椒更绿了,西红柿更红了,茄子更紫了。天虽然很冷,但是十委社区的露天市场上却很热闹,卖菜的守着自己的菜摊大声吆喝,买菜的居民走来走去挑选着中意的蔬菜。旁边的街上,车辆通行缓慢,司机不停地按喇叭,给原本热闹的市场增添了新的噪声。

谭竹青来买菜了,她没有急于挑选,而是走走看看,关心着蔬菜的品种和价格。

有人来到市场边的公告栏前,上面张贴着一张通告。有人看了几眼,就大声喊起来:"露天市场要取缔啦！"

一石激起千层浪，市场上的人都被这叫喊声惊住了。

"啥？要取缔露天市场？那我们上哪儿摆摊啊？"

"我们两口子都下岗了，就指望着在露天市场卖点菜维持生活呢。露天市场取缔了，我们咋办啊？"

"不让卖菜了，我这上有老下有小的，怎么生活啊？"

"取缔了露天市场，那咱们买菜，可就不方便了。"

"应该取缔，这露天市场就在路边，一天闹闹哄哄的，太吵了。"

人们议论纷纷，说啥的都有。

谭竹青没说话，静静地听着。

取缔露天市场的事情，谭竹青前些天就听说了，也正为这件事着急呢。她清楚市场商贩们的处境，也了解社区里的很多居民都靠在这露天市场上卖菜来维持生活，而十委社区及附近其他小区的居民都习惯在这里买菜。取缔这个露天市场，确实会给大家带来很多问题。卖菜的丢了饭碗，买菜的不方便。

"我们让谭主任做主！"有人看见了谭竹青。

"对，让谭姨帮我们出面，她德高望重，她出面说话，市场一定取缔不了。"

人们嚷嚷着，围拢到谭竹青面前，看着她，眼里满含着期待。

看着眼前一张张熟悉的面孔，谭竹青说："这露天市场不取缔，那是万万不行的。市政府做出取缔的决定，是为了美化市容市貌，减少交通拥堵，是为咱们老百姓办的一件好事。我们不但要认真执行市政府的决策，还要贯彻落实好。但是市场一取缔，有些人的生计就成了问题，这件事我已经在琢磨了，请大家给我一点儿时间。我想啊，办法总比困难多，咱们十委班子定下的目标，是要让十委社区有下岗、无失业。"

众人看着谭竹青，开始小声议论，之后大家纷纷表态："我们相信谭主任。"

提出"有下岗、无失业"容易，要实现这个

目标却很难。谭竹青清楚地知道这一点，但是为了居民的生活，为了社区环境的改善，她必须想办法解决取缔露天市场带来的问题。

谭竹青立即回到办公室，研究对策。

这一夜，谭竹青几乎没有睡觉，她在琢磨解决问题的各种可能性。

第二天天还没亮，谭竹青就来到办公室，翻看十委社区的建设资料。这时，一个大胆的想法从她脑中闪现出来：我们能不能建一个室内综合市场？

谭竹青疲惫的脸上现出了笑容。这是一个好主意！她想。

太阳出来了，透过窗子照进来，明亮而温暖。

谭竹青顾不上吃早饭，急忙召集居委会班子成员来开议事会，研究她的想法是否可行。

议事会开得很热烈，各种意见都摆上了桌面。

有人说，建设室内综合市场确实是个好办法，但是需要的资金也很多，钱从哪里来？

有人说，和露天市场比，室内综合市场费用要高很多，万一建好了，摊位没有人租怎么办？

有人说，室内综合市场如果规模小，效益会不好；如果规模大了，居民的购买力达不到咋办？

谭竹青认真地听大家提出的问题，一一记在本子上。最后，她说："我们今天讨论得很好，这些问题都不是小问题，需要认真对待。我看这样，我们先搞个调查，听听居民的意见，然后再做决定。"

于是，班子成员每天走家串户，进行调研，并先后召开了三次征求意见会，听取大家对建设室内综合市场的意见。经过认真研究，综合居民的意见，并对社区周边的市场分布和居民购买力进行分析，最后，建设室内综合市场的可行性报告出炉了。

新市场决定建在临河街新建的居民楼一楼。

方案论证清楚了，只差资金了。建设这座室内综合市场，需要资金八百万元。十委自身的财力能够投入的只有二百万元，资金缺口达到了六百万元！

六百万元不是个小数目，谭竹青的压力很大。

这时，孙显军来找谭竹青了。孙显军是十委社区的住户，曾经生活十分困难，是谭竹青帮助他借到了房子，又扶持他经营电器安装公司。精明能干的孙显军生意越做越大，现在已经是拥有千万资产的企业家了。

孙显军说："谭姥姥，俗话说滴水之恩当涌泉相报，您的困难就是我的困难。我手里有四百万元，您拿去吧。"

谭竹青感激地握着孙显军的手，说："小军啊，你可帮了姥姥的大忙啦！"

接下来，谭竹青又通过投资入股的方式募集了二百万元资金，困扰谭竹青的资金问题解决了。

不到一年时间，三千五百平方米的室内综合市场建起来了，这是长春市第一个由社区牵头兴建和管理的大市场，解决了居民生活的大问题。

在市场摊位出租的问题上，谭竹青提出要优先安置下岗再就业人员和困难户。在缴纳租金的问题上，她提出给这些人员一定的照顾，减免一部分租金。

室内综合市场建起来了,以前拥堵的街面清静了,人们的生活有了新的变化。居民都夸谭竹青做事情站得高,看得远,又照顾居民的利益。

同时看两台电视机

谭竹青家的房子很低矮,也很小,家里的摆设很简单。谭竹青的生活很俭朴。

但是,谭竹青家里有一样东西很"奢侈":小小的屋子里有两台电视机。

很多第一次到谭竹青家里的人都很不解,一台电视机不够看?

熟悉谭竹青的人都知道,在谭竹青家,一台电视机不够看。

为什么?因为谭竹青每天晚上要同时看两台电视机。

"岩岩,把电视给姥姥打开。"谭竹青说。

还在上学的外孙女岩岩便把两台电视机都打

开，而且都调到新闻频道，一台播放的是中央电视台的新闻节目，另一台播放的是长春市电视台的新闻节目。

中央和地方电视台的新闻节目播放时间有重合，为了不落下每个新闻，谭竹青养成了一个习惯，就是同时看两台电视机。

"姥姥，老师说一心不可二用，您同时看两台电视机，能看得过来吗？"岩岩问。

谭竹青摸着岩岩的头，说："傻孩子，要是不同时看，有的新闻就错过啦。"

"错过就错过呗。"岩岩说。

谭竹青耐心地给岩岩解释："错过哪行啊？姥姥看新闻可不是看热闹，姥姥关心的是党和国家的方针政策，还有全国各地什么地方在工作上有哪些好的做法和经验。这些新闻可都是好东西，对姥姥做好社区工作很有用的，哪能错过啊？"

"姥姥，您真厉害，看新闻能看出这么多内容啊！"岩岩看着姥姥，由衷地赞叹，她明白了姥姥的心思。

在谭竹青的家里，不论是白天，还是晚上，

都会聚集十几个人,从不间断。来的人也都是社区工作者,或者是社区的居民,和她商量事情,反映问题,研究工作,小小的房子总是显得很拥挤。

年纪还小的岩岩早已经适应了这样的环境,大人说大人的事情,她可以心无旁骛地写作业。

当有人来的时候,岩岩总是热情地把人请进屋,端茶倒水,替姥姥招呼客人。

居民们都说,谭竹青家的孩子懂礼貌。

到了电视播放新闻的时间了,谭竹青便招呼大家坐好,不再说话,认真看新闻。对于一些与长春特别是基层社区有关的新闻,他们还会边看边小声议论,结合十委社区的情况,从中得到启示,受到启发。有时,他们一边看新闻,一边就把社区存在的问题和要办的事情研究好了。

在这样的环境中耳濡目染,岩岩对十委社区的事情也了解了很多。

"姥姥,我要是当十委主任,也能当好。"岩岩说。

岩岩的话,引得大家一阵笑。

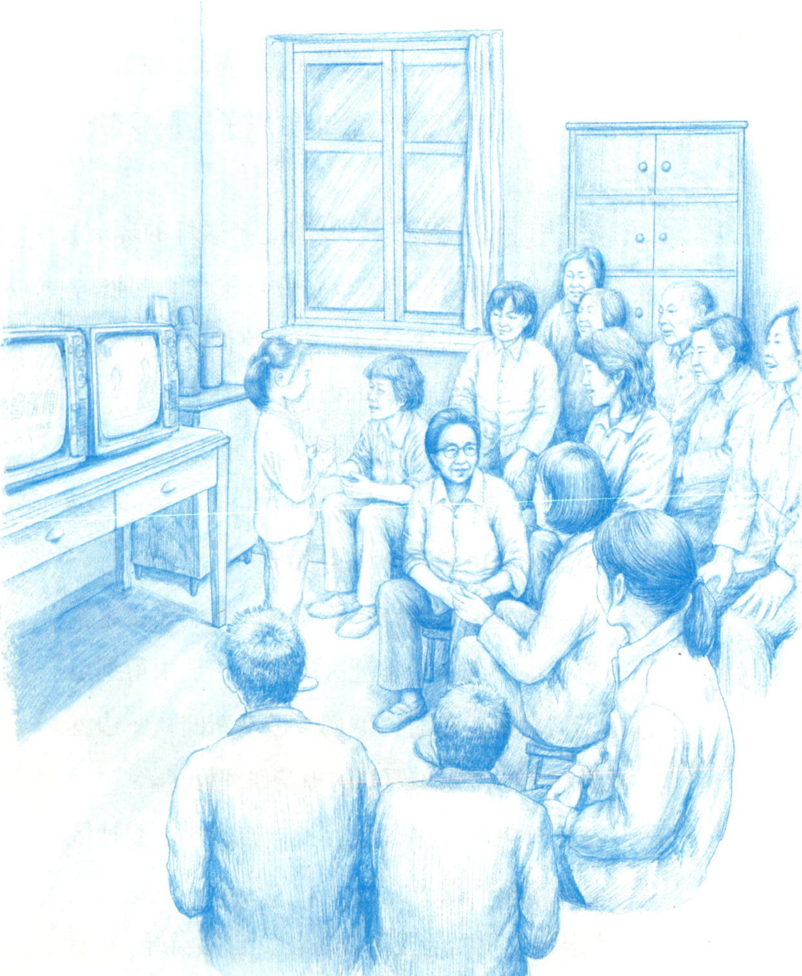

谭竹青说:"傻孩子,你还小呢。"

"那等我长大了,当十委主任。"岩岩眨巴着大眼睛,认真地说。

谭竹青笑着说:"好,好,我外孙女有志气。"

当时的岩岩只是个学生,还不是很懂姥姥他们研究的事情,说出的话也是童言无忌。但是,多年后,岩岩学习和宣讲姥姥谭竹青的先进事迹时,被姥姥那些平凡、朴实却又十分伟大的事迹所感动,真的放弃了当一名教师,来到十委社区工作了。

有一天晚上,一家人正看着电视,姥姥突然把岩岩和妈妈招呼到身边,说:"我考一考你们。"

"考试?"岩岩吓了一跳,她莫名其妙地看了看妈妈,妈妈也一头雾水。

"姥姥,您考我们什么呀?"岩岩问。

谭竹青说:"当然是电视新闻中的内容啊。你们跟着我看电视新闻,可不能白看,得了解国家大事才行。"

岩岩有点紧张地看着姥姥。

谭竹青问:"你们说说,'三个代表'的具体内容都是啥?"

岩岩想了想,摇摇头。妈妈也答不上来。

谭竹青不高兴了,说:"看电视新闻,可不能这个耳朵听那个耳朵冒,那不是白看了?'三个代表'是党中央对全体党员提出的要求,得知道,得明白,得理解,得落实到行动上。"

接着,谭竹青详细地给岩岩和妈妈讲解了"三个代表"的具体内容,还讲述了如何以"三个代表"重要思想为指导,做好基层工作,特别是社区的工作。

谭竹青讲得很认真,岩岩和妈妈听得也很认真。

岩岩虽然还小,但是她从姥姥的讲解中听懂了一个老党员对党的事业的忠诚,对社区居民的那份浓浓的爱。

这也许是岩岩多年后决定来十委社区工作的最初动因吧。

居委会干部来找谭竹青汇报工作,一进门,见到这个阵势,笑了,说:"谭主任,你们家学习的氛围可真浓啊！"

从那时起，谭竹青的家人都养成了看新闻的习惯。他们这样做，并不是怕姥姥的突击"考试"，而是切实尝到了甜头，能够从中得到一些信息和启示。

谭竹青虽然文化程度不高，但是她爱学习，爱研究问题。特别是对党和国家的方针政策，她总是能敏感地把握，做工作紧紧地跟着政策走。同时看两台电视机带给谭竹青的收获是巨大的，她的理论水平和对政策的理解能力得到了很大提升。她善于从新闻中捕捉到形势的变化，往往国家刚刚有了某一方面的政策要求，谭竹青就开始结合十委社区的实际情况，带着社区干部和居民研究落实和实施了。

幸福妈妈

长春市妇联倡导开展的"代理妈妈"活动，引起了谭竹青的注意。待人热心、充满爱心的谭竹青拿着文件，仔细阅读。一个叫莹莹的小女孩走进了谭竹青的心里，这个孩子的家距离十委社区不远，是个适合的代理对象。于是，谭竹青没有犹豫，主动提出做莹莹的"代理妈妈"。

来到莹莹的家，谭竹青的心一阵比一阵紧。她看到莹莹的妈妈正蜷缩在炕上，因为长期卧床，脸色显得十分苍白。她爸爸的腿也伤了，不能动弹。小莹莹呢？怀里抱着书包，蹲在角落，暗暗地流泪。

经过交谈，谭竹青了解了莹莹家的情况。原

来，一年前，莹莹的妈妈得了一种怪病，多方医治也没有治好，落下了残疾，生活不能自理，需要人照顾。莹莹的爸爸没有工作，靠每天出去蹬三轮车维持生活，三口人的日子过得十分艰难。

屋漏偏逢连夜雨，本就困难重重的家又忽然遭遇了一场横祸。莹莹的爸爸在出车时发生了交通事故，受了重伤，不能再出去挣钱，一家人陷入了绝境。懂事的莹莹向爸爸妈妈提出自己想辍学，挣钱养家，照顾父母。

此时，莹莹才九岁。

这是怎样的一个家呀！

谭竹青心疼地拉起小莹莹，说："孩子，别怕，谭妈妈来了。"

谭竹青鼓励莹莹的爸爸安心治病，尽快恢复健康。她又跟莹莹聊起了上学的事情。

"想上学吗？"谭竹青问。

莹莹想了想，没有回答。她扭头望向窗外，一些刚刚放学的小伙伴正又蹦又跳地跑回来，在空地上快活地玩耍、游戏。他们开心的嬉笑声传过来，莹莹听到了，她的小嘴紧紧地抿了起来。

从莹莹这个细小的动作里，谭竹青看出了莹莹的心思。

"是不是很想去上学？"谭竹青追问。

莹莹看了看谭竹青，无声地点点头。

谭竹青抓住莹莹的小手，说："孩子，去上学吧，好好读书。从今天起，你就是谭妈妈的亲闺女，家里的事情，有谭妈妈呢，你就安心去上学吧。"

虽然是初次与谭竹青见面，但是莹莹从谭竹青慈祥的面容和亲切的话语中，感受到了眼前这位慈爱的谭妈妈是能够给她温暖、给她爱的人。

"妈妈！"小莹莹的心迅速温暖起来，她扑进谭竹青的怀里，大滴大滴的泪珠落下来，弄湿了谭竹青的衣襟。

谭竹青紧紧地搂着瘦小的莹莹，很久没有松开。

莹莹又开始上学了。每天早上，她美滋滋地背着书包和小伙伴一起走向学校。放学回到家，她总是尽量帮助爸爸妈妈做事情、干家务。莹莹上学的全部费用都由谭竹青来负担。

谭竹青有空了就去莹莹家看望他们，还经常派人到莹莹家给他们打理家务。一个死气沉沉的家，终于有了生机。

莹莹的爸爸经过积极治疗，伤腿已经康复了。为了解决莹莹家的生活问题，谭竹青出面协调工商和税务部门，帮助莹莹爸爸开了一个食杂店。

在谭竹青的帮助下，莹莹一家过上了正常的生活。

每次莹莹的学校开家长会，都是谭竹青到学校去，了解莹莹的学习情况，和班主任进行沟通。

夏天快到了，谭竹青来到莹莹家，举着手里的袋子，喊莹莹："你看，谭妈妈给你买什么啦？"

"新衣服！"莹莹高兴得跳了起来。

谭竹青把夏衫给莹莹穿上，大小正合适。"哟，我们家莹莹真漂亮！"谭竹青端详着莹莹说。

莹莹表演似的张开手臂，转着圈，展示给谭妈妈看。

莹莹要写作业了,可是家里的食杂店人来人往的,很是吵闹。谭竹青拉起莹莹,说:"走,到谭妈妈家去写作业,谭妈妈家安静。"

一个老人牵着一只小手,穿过街道,开心地走着。

十委社区的居民看到了这一幕,都说小莹莹有这个谭妈妈真是好福气。

莹莹开始安静地写作业了,谭竹青则开始为自己这个小女儿准备饭菜,她拿出了冰箱里自己不舍得吃的菜,做给莹莹吃。

"真香!"吃饭的时候,莹莹冲谭妈妈做鬼脸,跟谭妈妈撒娇。

两个素不相识的人,一老一小,经过朝夕相处,建立起了深厚的感情。在谭竹青慈母般的关爱和教导下,莹莹的进步很快,成绩不错。

几年后,莹莹初中毕业了。

这一天,谭竹青正在社区办公室,莹莹突然走了进来。

"莹莹,你咋来了?"谭竹青一愣,拉莹莹坐下。

从莹莹略显沉郁的表情上,谭竹青似乎猜到了她的心思。

果然,莹莹提出了一个想法。"谭妈妈,我不想继续读书了。我大了,可以帮助爸爸妈妈担负起生活重担了,我打算出去打工挣钱。"

"不行!"谭竹青态度十分坚决,"谭妈妈不同意。"她凑到莹莹面前,认真地说:"谭妈妈这么用心帮助你,为的是啥?就是为了让你有朝一日能够有出息。你倒好,怎么会有这样的打算?这哪是有出息的想法呢?"

"我想减轻家里的负担,也想减轻您的负担……"莹莹说。

谭竹青说:"你什么也不要担心,家里有谭妈妈呢,你就安心读书吧。"

转眼,莹莹的考试成绩出来了,她考上了一所商业学校。录取通知书下来那天,莹莹的爸爸妈妈都催促莹莹赶紧去向谭妈妈报喜。

开学了,莹莹要离开这座城市了,谭竹青到车站为她送行。莹莹默默地依偎在谭竹青的怀里,拥抱着她。

谭竹青说:"来,谭妈妈再给你扎一回辫子吧。"

明亮的阳光照耀着这对母女,那份温情在站台上弥漫,既温暖,又感人。

列车出发了,谭竹青举着苍老的手,冲着火车摇了又摇。

莹莹大了,带着谭妈妈的嘱托和希望,去远方求学了。

谭竹青摇动着的手还没有放下,眼里的泪水便无声地落了下来。

细雨中的来访者

细雨蒙蒙,春日的长春一天天暖和了,但是在这样的阴雨天,仍然湿冷湿冷的。谭竹青举着一把雨伞,艰难地走在路上。冷风包围着她,打透了她已经被淋湿的衣服。

但是谭竹青的心却是热热的,她着急得上火了,否则,不至于在这样的雨天出门去找刘经理。

谭竹青的心里,装着社区的老百姓呢。

十委社区是典型的棚户区,紧邻伊通河,因为地势低洼,被称为"二道洼子"。这里的平房是解放初期建起来的,是古董一般的老房子。这里的路是土路,一到雨天,一片泥泞。老百姓说，这里是"泥浆污水无处流，比'龙须沟'还'龙须沟'"。

社区里的居民都找谭竹青诉苦，期盼着有一天能告别小平房，住上宽敞干净的大楼房。

这是居民的心声，谭竹青十分重视，下决心要让这里的老百姓住上楼房。她一次次到区里、市里找领导，反映居民的居住情况，为民代言，为民鼓与呼。

一九九四年，建设部发出通知，实施"安居工程"，着力解决中低收入群体的住房问题。一九九五年，长春市将三片棚户区列为试点项目，十委社区赫然在列，谭竹青的呼吁果然起到了作用。

居民们美梦成真就在眼前了！

可是，有一个难题出现在谭竹青面前。十委社区棚户区开发利润不高，许多开发商都不愿接这个项目。眼看着开春了，时间不等人啊。

于是，谭竹青便打着伞，冒雨来到了开发商刘经理家。

按响门铃，刘经理打开门，看到谭竹青正

站在门前。她虽打着雨伞，但身上早已是湿淋淋的，脸色苍白，嘴唇冻得发紫，身子在微微发抖。

"谭主任，你……"刘经理急忙把谭竹青迎到屋里。

不等身子暖和起来，谭竹青就跟刘经理说起了棚户区开发的事情。她先是介绍了十委社区的居民住房条件太差给生活带来的诸多困难，又谈了政府的优惠政策和资金补助情况，算了工程的账，还强调了这个工程的意义，是利国利民、企业家回馈社会的民心工程。最后，谭竹青拍着胸脯向刘经理保证，只要他同意开发十委社区棚户区，居民拆迁的事情居委会包下了。

刘经理没有插话，一直在听谭竹青讲述。在这个项目上，刘经理始终在犹豫，做企业的追求利润是正常的。可听了谭竹青的一番话，刘经理很是感动，他将热茶递到谭竹青手里，说："谭主任，您一心为居民着想，冒雨来访，我啊，被您打动了。这样，我再核算一下资金，只要我不赔钱，这个工程，我就做了！"

谭竹青急忙站起来，激动地说："刘经理呀，这太好啦，你可是为我们社区的老百姓做了一件大好事啊，我代表居民谢谢你啦！"

说完，谭竹青起身告辞："我这就回去，召集居委会干部开会，研究拆迁的事情。"

当天晚上，谭竹青组织大家开会，把拆迁工作中可能出现的问题都梳理了一遍。他们经过认真讨论，定下了工作的总基调：抢时间搬出去，尽快回迁。

拆迁是老大难的事情，总会有一些钉子户。谭竹青与居委会班子成员按照班子会上定下的工作基调，挨家挨户上门谈拆迁的事情，做大家的工作，他们连续工作了一个月，一天也没有休息。

对于有不同想法的住户，谭竹青耐心、充分地倾听大家的意见，讲解国家政策，动之以情，晓之以理，取得居民的理解和支持。同时又换位思考，从居民的角度考虑问题，帮助他们解决实际困难。对于那些借不到、租不起周转房的困难户，她和居委会干部四处想办法找住处。有一个患有精神疾病的住户，找房子四处碰壁，很多人怕惹事上身，不敢帮助他。十委副主任赵惠君得到了家里人的支持，将自己家的一间房子腾出来，借给他住。

就这样，从拆迁公告发布之日起，只用了四十二天，三百多户居民就都搬出了老房子。

天暖了，棚户区改造工程开始动工了，刘经理来到工地，看着搬空了的平房，感慨地对谭竹青说："谭主任啊，就这动迁工作的速度，也就是在你们这儿才能实现啊。"

一九九五年，1.9万平方米的住宅楼建成了。一九九六年，又有2.8万平方米住宅楼竣工。到二〇〇五年，十委社区已经建成16万平方米的住宅楼，有近四千户居民住上了新楼房。

伊通河畔的"龙须沟"来了一个华丽转身，被一片干净明亮的楼房所取代，变成了一个现代文明的新社区。

搬掉徐家的"四座山"

徐家的男主人叫徐哲,他家的"四座山"是就业、治病、上学和住房。

这天中午,谭竹青从社区出来,急匆匆地往徐哲家里赶。

敲开门,谭竹青看到徐哲正闷着头抽烟,他爱人张子华搂着儿子在厨房抹眼泪。

原来,徐哲从轧钢厂下岗了,每天靠蹬三轮车挣点钱维持生活。半个月前,张子华的单位破产,她也下岗了。两个下岗工人,带着个正在上学的儿子,生活的艰难一下子笼罩了这个普通的家庭。

徐哲家里的情况谭竹青记在了心里,她在积

极想办法，帮助徐哲一家走出困境。

"谭姨，这大晌午的，您咋来了？"张子华把谭竹青迎进门。

徐哲问："谭姨，您这是……"

谭竹青顾不上擦掉脸上的汗水，说："徐哲啊，子华上班的事情，解决啦。"

"啥……上班啊？"徐哲和张子华一头雾水，没明白谭竹青的意思。

谭竹青说："是这样，最近东站街道考虑到咱们十委的工作任务重，人手不足，决定给咱们十委增加一个编制。我们班子成员研究了一下，觉得子华的各方面条件都符合居委会的要求：一是子华年轻；二是子华有文化，素质高，写写算算的活儿都能干；三是子华熟悉咱们社区的情况。所以，班子会决定把这个编制给子华。这不，我们刚开完会，就跑来告诉你们。"

到社区去上班，而且是正式编制，这可是天大的好事啊！徐哲和张子华你看看我，我看看你，有点不敢相信。

"谭姨，真的？"徐哲小心地问。

谭竹青说:"傻孩子,谭姨啥时候逗过你们呀?"

徐哲丢掉手里的烟,激动地说:"谭姨,您可是救了我们家啊!"他脸上的笑容格外灿烂。

谭竹青说:"子华啊,来社区上班吧,虽然工资不高,但是咋也比你到处打零工强啊。起码,你有了固定收入,还能照顾家里。孩子还小,需要你照顾啊。这样,你家的困难就能缓解啦。"

张子华说:"谭姨,您这是帮我们家搬掉了'一座大山'啊。"

半年后,张子华正在家洗衣服,她忽然觉得不舒服,对徐哲说:"我咋有点迷糊呢?"说完,她就开始流口水,人也倒在了地上。徐哲急忙把张子华送到医院,经过诊断,张子华是突发性脑出血,开颅手术的费用是一万五千元。这么多钱,对于徐哲来说,无异于天文数字,徐哲急得蹲在病房门前掉眼泪。

事情紧急,谭竹青连夜组织社区干部开会,动员大家为张子华捐款。"救人要紧!"谭竹青说着,自己先带头拿出了五千元。大家也没有一个人袖手旁观，纷纷解囊相助。

第二天一大早，社区干部就把一万五千元手术费交到了徐哲的手里。"谭主任说了，先做手术，钱的事情以后再说。有社区在，有谭姨在，就不能耽误治疗。"

拿着钱，徐哲的手在发抖。他知道，谭姨这是在救命啊。

张子华顺利做了手术，虽然捡回了一条命，但是她已是半身不遂。谭竹青帮助她办理了低保。

徐哲的儿子该上初中了，按照学区划分，他应该去A中学。可是，徐哲的儿子学习成绩很好，张子华希望他能去一所更好的学校，有利于学习。

这是一个病人最大的愿望，谭竹青决定帮助他们实现这个愿望。她来到B中学，找到校长，协调徐家孩子上学的事情，可学校只能减免一半的择校费。眼看快要开学了，谭竹青急了，从家里拿出六千元钱，来到学校，放在了校长的办公桌上。

谭竹青说："这钱我替徐家出了。"

校长很是吃惊，对这件事情有了大致的了解，最后决定，免除徐家孩子的择校费，安排他在B中学入学。

校长说："谭主任，都说您是热心肠，我今天是看到了，我们哪能要您的钱呢？"

就这样，孩子进了B中学，这是徐哲做梦也想不到的事情。

二〇〇四年八月，棚户区改造，徐哲家也面临着拆迁。

那是一片地势低洼的地区，徐哲家的小平房每逢雨季就经常发生污水倒灌的情况。住上宽敞明亮的楼房是那一带的住户求之不得的事情。

可徐哲却高兴不起来，因为按照拆迁协议，他家需要再交三万元的入住费，才能从二十九平方米的平房搬入新房。他家的情况原本就十分困难，哪有这笔钱啊？另外，张子华半身不遂，每天要坐在轮椅上活动，根本不适合上下楼。

这两点困难把徐哲难住了，因此，徐哲最大的愿望就是能够调换一处条件好一些的平房。

谭竹青了解了徐哲的想法，觉得这适合他家的情况，便找到负责这一片改造的房地产开发商，介绍徐哲家的特殊情况，请开发商帮忙解决。

经过协商，最终开发商决定在地势较高的一栋楼楼头单独给徐家建一座平房，不但面积增加了二十平方米，还是朝阳的两间房，室内有卫生间，集中采暖供热，相当于住宅楼的一楼。

徐哲感动地拉着谭竹青的手，说："谭姨啊，我感觉像是在做梦一样。"

谭竹青靠自己的努力，搬掉了徐哲家的"四座山"，让一个濒临绝境的家庭过上了幸福的生活。

温暖的家

刚一入冬,一场小雪就早早降临,给社区的地面铺上了一层白,看上去清爽、洁净。

可A、B两栋楼的居民心里可清爽不起来,他们纷纷来到楼下,站在空地上发泄着心里的怨气。

北风不大,却很刺骨,吹在每个人的脸上,有一种麻麻的疼。但是没有一个人离开,他们不停地跺脚。

原来,入冬后已经供暖一个星期了,可是这两栋楼的暖气根本没热。为啥会这样?没有人说得清。于是,有些居民就到物业去反映情况,可反映了,物业也解决不了,他们也没有办法。大家对物业的做法有意见，甚至跟物业经理吵了起来。可吵过闹过，问题还是没有得到解决，家里的暖气仍然是凉凉的。

在东北，供暖可不是小事情。供暖期长达五个月，暖气不热，屋里就冷得像冰窖，谁也受不了。

于是，这两栋楼的居民便来到楼下，商量该怎么办，大家叽叽喳喳地议论着。

"干脆，咱们去物业说理，他们不能不管。"

"对，物业是干啥的？咱们的暖气不热，他们没有道理不管。"

"我看这个法子不行，咱们去一闹，咱就没理了，人家啊，更不管了。"

"不行咱们请谭姨出马，她老人家一出面，事情肯定能解决。"

"咱社区大事小事都是谭姨在帮助我们办，这件事咱们不能再麻烦谭姨了，还是咱们自己去解决吧。"

"是啊，咱们就是找谭姨，她也是出去'求爷爷告奶奶'，受委屈。"

"那咋办？总得想出个办法啊。"

"不行，咱们上区里吧。"

"对，对，这办法不错，咱们到区里去反映一下情况，政府肯定能管咱们的事情。"

"好主意！区里的领导不会不管。"

"走，咱们这就走。"

大家商定后便立即动身。

就在大伙儿吵吵嚷嚷地往外走的时候，谭竹青组织的十委班子议事会也刚刚开始。她正说着今天研究的议题，一位居民急匆匆地跑进来，对谭竹青说："谭姨，不好了，A、B两栋楼的居民要到区里去反映情况，他们已经出发啦！"

谭竹青一惊，问："因为啥事？"

居民说："供暖的事。"

谭竹青立即意识到这不是小事，她当即决定议事会不开了，带上参会的小张，急急忙忙出了门，打了辆出租车追过去。

追上那些居民时，谭竹青看着大家，问："你们这是干啥啊？"

每个人都沉着脸，心里很复杂，既为供暖的

事情生气，又为谭姨打车追过来感到难为情。

"谭姨，我们没告诉您，是怕麻烦您……"有人说。

谭竹青严肃地说："你们错啦！你们有事不先跟我讲，才是在给我找麻烦。"

大家都沉默了，怯怯地看着谭竹青。

谭竹青松了一口气，语气缓和了，对大家说："好了，你们都回去吧，供暖的事情我来负责。我保证，今天晚上，大家家里的暖气就会热乎。"

居民们你看看我，我看看你，说："谭姨，那还是麻烦您啦。"

"一家的事情，啥麻烦不麻烦的！"谭竹青说。

话说到这个份儿上，居民们没话说了。本来谭竹青打车追过来，大家就很过意不去了，听了谭竹青的表态，人们不再说什么，转身回去了。

居民们走了，可事情并没有解决。谭竹青拉着小张，说："走，咱俩去区建委物业办，请他们出面，一起去物业公司研究解决问题的办法。"

小张说："谭主任，您主意真多。"

他们与区建委物业办的同志一起来到了物业

公司，物业公司经理跟谭竹青诉苦："谭主任，我们也不想停止供暖啊，问题是去年我们收供暖费，只收上来一半。很多居民算计呢，楼上楼下供暖了，他们就不交，'搭车取暖'现象太严重了。今年实行了分管到户，本来我们寻思这下好了，一户一阀，不交供暖费就不开栓。可那些之前占了便宜的居民尝到甜头了，就是不开门，不让我们推行分管到户。这就很麻烦了，我们也是做生意，这赔钱的事情，您让我们咋办？"

谭竹青知道了事情的原委，认真地对经理说："居民享受供暖，交供暖费，天经地义，没啥含糊的。分管到户，精细化管理，也是对的。这两栋楼的居民不让工人进屋施工，是他们不对。这件事情，咱们厘清了，我的想法是无论如何也要把暖气给居民供上，天这么冷，谁受得了？要是真因为停暖冻坏了人，那可不是闹着玩的。我在这里跟你们保证，今年的居民供暖费，我负责帮你们收上来，一分不差。明年的暖气分管到户，也由我来负责，保证顺利实施，不让你们物业公司受损失。怎么样？"

经理看了看谭竹青,犹豫起来。

谭竹青接着说:"大家这么僵着,肯定不是办法。你们不供暖,居民就更不交供暖费了,这样下去,是恶性循环,没有个头。居民们越闹越大,区建委物业办也不会同意。"

区建委物业办的同志看着经理,表示赞同谭竹青的意见。

物业公司经理点点头,说:"好,谭主任,我相信您。这件事,就按您说的办,我们现在就供暖。"

走出物业公司,小张佩服地冲谭竹青竖起大拇指:"谭主任,您真行!"

谭竹青轻轻叹了一声,说:"问题才解决一半,咱们说到办到,下一步,马上回去做居民的工作,把欠着的供暖费收上来。"

晚上,A、B两栋楼的暖气热乎了。

但是谭竹青没有休息,她带着居委会干部挨家挨户去做工作。他们给居民讲清两个道理:一是不交供暖费,真的不供暖;二是分管到户,有利于供暖管理,是政府的决定,我们必须做好。

经过谭竹青的耐心解释，那些没有交供暖费的人家，认识到自己贪小便宜不合适，不但立即交了供暖费，还表示同意分管到户。

问题解决了，小张和谭竹青回家的时候已经半夜了。夜空高远，星星在眨眼。

小张见谭竹青身体有些晃，急忙搀扶着她："谭主任，您太累了！"

谭竹青笑笑，说："天很冷，但是居民家里是温暖的，这就够了。"

美丽家园

天刚放亮，谭竹青就来到社区几栋新楼前，手里拿着一把铁锹。今天是星期日，时间还早，有些人还没起床呢，寂静的街面上显得有些空旷。

不一会儿，有几个人陆续来到了谭竹青身边，他们都是十委的干部。

太阳还没有冒头，很多居民也下楼了，拿着各种工具，站在新楼前，等着谭竹青的命令。

可是，谭竹青还没有宣布开始，有的居民已经先动手干上了。有的人推来小推车，把大一些的建筑垃圾和装修垃圾装进推车里，送到垃圾站；有的人把小一点儿的垃圾装进袋子里，扔进垃圾箱；有的人用扫帚清扫地面；有的人拎来水桶，清理墙上的小广告……

大家一边干活儿，一边说笑，气氛相当热烈。

一个年轻人抢下谭竹青手里的铁锹，说："谭姨，这样的累活儿，哪能让您干？我来。"

谭竹青看着忙碌的居民，疲惫的脸上露出了笑容。

这是居委会做出的一个决定，那张写在大红纸上的告示，依然贴在告示栏上：

各位居民，十委社区的部分新楼前后堆积着大量的建筑垃圾和装修垃圾，既影响小区环境，也不安全。居委会号召全体居民统一行动，在星期日上午参加义务劳动，清除这些垃圾，让社区的环境美起来！

谭竹青和居委会干部早早来到劳动现场，就是要以身作则，希望带动广大居民都参与到这项工作中来。

这次清除垃圾的义务劳动是谭竹青的主意。那天，居委会成员在一起商量如何清除新楼前后的垃圾。有人说，雇几个人来，用不上半天，这些垃圾就清理干净了，还花不了几个钱。还有人说，让谭姨出面打一个电话，区环卫处的人就会来清理。

但是谭竹青不同意，她说："我是这么想的，一是花钱不行，咱们社区这些年虽然比以前富裕了，但是勤俭持家的老传统不能丢；二是请人来帮忙也不行，咱们社区的建筑垃圾和装修垃圾让别人清理，说出去会让人笑话。再说，垃圾即使被清理了，居民们乱扔垃圾的隐患还在。"她指着那些垃圾，"咱们谁也不靠，就靠我们的居民。把大家组织起来，人人参与，自己动手，把这些垃圾清理干净。这样，既能让大家知道乱扔垃圾不利于小区环境卫生，也给大家一个教训、一个警醒，更能使我们社区的环境变得越来越好。这是一举两得的事情。"

"这个主意好！"大家都同意谭竹青的想法。

于是，居委会在告示栏里张贴了号召大家都来参与义务劳动的通知。

来的居民不少，有老人，有孩子，也有年轻人。大家都争着多干活儿，多出力，每个人的脸上都带着笑。

其实，大家都对小区里堆积着这么多垃圾有意见，只是没有人组织清理。那些垃圾现在被清理干净了，小区变整洁了。

回家的时候，大家都开心地议论着，特别有成就感。

谭竹青没走，她坐在台阶上休息，但是她的大脑没有休息。她在想，这次大家一起动手清理了垃圾，能不能把这样的义务劳动坚持下去，过一段时间就组织一次？

谭竹青觉得很有必要，因为组织这样的义务劳动，社区的居民都参加，能够很好地凝聚人心，营造一个团结的氛围。她在心里暗暗琢磨，下次召开议事会的时候，把这件事定下来。

七十多岁的王洪斌老人目睹了大家齐心协力清理垃圾的过程，见谭竹青没走，便走过来，说："谭主任，好啊，你组织这样的义务劳动好啊，好久没有感受过这么和谐的邻里之情啦！"

谭竹青说："老哥哥，今后啊，这样的义务劳动我们居委会还会组织的，要延续下去。"她

美丽家园

指着楼前的空地说,"这些地方我们要利用起来,修上花坛,种草种花,让我们的社区像一个大花园。"

王洪斌欣喜地看着谭竹青,说:"好,好,这个主意好。让我们的居民生活在花园里,这是好事情啊。谭主任,我退休在家这些年,摆弄花啊草啊,还有一些经验,你要是不嫌弃,以后花坛建起来了,侍弄花草的事情,就由我老王头承担啦!"

谭竹青高兴地说:"老哥哥,那我就替居民们谢谢您啦!"

不久,小区的花坛建起来了,谭竹青自掏腰包买来了各种花种,栽种起来。王洪斌老人拿出自己家的水缸,接上水管子,每天侍弄那些花草,浇水、施肥、除草、松土,干得很是精心。

在谭竹青的倡导下,社区的义务劳动坚持下来了,一直到今天。

通过定期开展义务劳动,居民积极参与,邻里之间的情谊越来越深了,小区环境也越来越美了。

独一无二的"邻居节"

什么？邻居节？没听说过还有这个节日啊？

不到十委社区，大概没有人听说过"邻居节"这个节日。因为，这是谭竹青发明的、具有十委特色的节日。

要说这个独一无二的"邻居节"的来历，里面还有一个故事呢。

那是二〇〇五年初夏的事情。这一天，家住2号楼一楼的王勇海下班回到家，一开门，大吃一惊，早晨上班时还好好的家全变啦！他先是闻到一股难闻的恶臭味儿，接着就看到屋里的地板上到处都是污水和粪便，连个下脚的地方都没有。

"我的天,这是咋回事?"看到眼前的情景,王勇海蒙了。

仔细观察后,王勇海更气了。只见床铺、米袋子、蔬菜、豆油全都泡在污水里。他的家,被污水和粪便"霸占"了!

很快,王勇海就明白了:是厕所下水道返水了!也就是说,地下的下水主管道堵了,楼上厕所一放水,污水无法排出去,就通过地漏和厕所返上来,漫溢到他家了。

"二楼!二楼!缺德的周大伟!"气不打一处来的王勇海只觉得脑袋嗡嗡响,转身就上楼,三步并作两步地冲到二楼,使劲砸门,同时大声叫嚷:"周大伟,你给我开门!"

此时的王勇海已经是火冒三丈,冷静不下来了。

周大伟一家人正在吃饭,王勇海的砸门声太大了,吓到了周大伟三岁的孩子,孩子大哭起来。

周大伟打开屋门,见门外站着的是楼下的王勇海。周大伟不高兴了,没好气地质问:"王勇海，你有病啊？干吗砸我家门？你看把孩子吓的！"

王勇海不理会周大伟的质问，抓着他的衣领就往楼下拎。"你小子干的好事！你跟我下去看看，你拿我家当下水道啦！"

来到楼下，周大伟一看王勇海家的情况，吃了一惊。但是他没有安慰王勇海，而是理直气壮地说："你跟我发什么疯？七层楼呢，谁家厕所不放水？你干吗只找我？"

周大伟的心里有自己的盘算：王勇海家堵成这样，肯定有损失，要是承认了是我家厕所放的水，他势必要我来赔偿。于是，他想办法减轻自己家的责任。

其实，周大伟说的也是实情，地下主管道堵住了，楼上哪家厕所放水，都会造成一楼的王勇海家倒灌。

可是，王勇海此时已经气得不行，把气撒到了周大伟身上。他见周大伟不但不道歉，还狡辩抵赖，便指着周大伟的鼻子，骂道："你小子说的是人话吗？"

周大伟毫不示弱，指责王勇海："你敢骂人？哼，让你骂，我还不管了呢！"说着，他就回身往楼上走。

王勇海气冲冲地追上去，叫道："骂你，老子还打你呢！"他上前就是一拳，毫无防备的周大伟鼻子立即就出血了。两个人扭打在一起，互不相让，后来，听到动静的邻居出来把两人给拉开了。

越想越气的王勇海回到家，愤愤地说："哼，你让我过不好日子，你也别想舒坦！"王勇海找来工具，就把自己家的下水道给堵死了。

这下，二楼的周大伟家可遭殃了，楼上厕所一放水，污水就继续往上返，从周大伟家的厕所往外冒。

周大伟蒙了，没想到王勇海还有这一手。

两家人就这样顶上了。

出了这样的事情，邻居赶紧去向谭竹青汇报。

来到2号楼，谭竹青急忙往楼上跑，挨家挨户敲门通知，让大家先不要用厕所。接着，她来到王勇海家，拿起扫帚就开始清理地上的污秽物。

看到谭竹青动手清理污水粪便，大家也动手，开始帮助王勇海清理。忙乎了一阵，王勇海家干净了。二楼的周大伟家也变干净了。

家是干净了，可是事情并没有完，堵住的下水主管道还没有疏通。站在2号楼前的空地上，谭竹青向围过来的居民了解情况，经过简单调查，她发现整栋楼都不同程度地存在这样的问题。这个隐患不清除，以后还会出现今天这样的事情，邻里之间因为下水道问题还会产生矛盾。

于是，谭竹青趁机召开现场会，和居民一起商量解决的办法。大家纷纷发表意见，但是每个人都有自己的小心思，争论了好一阵，也没有得出一个明确的结论。

最后，谭竹青说："这个问题不根治，肯定不行。一楼堵二楼，二楼堵三楼，没有个头，谁家也避免不了。我的意见是重新维修下水主管道，彻底解决这个问题。维修产生的费用，这个单元的住户每家都有份儿，大家伙儿平摊。下水道是大家共同使用的，每一家都有责任和义务把主管道维修好。"

楼层高的住户原来以为没有自己的事，听了谭竹青的一番话，觉得在理。经过测算，最后大家达成共识：每家出五十元，彻底维修主管道。

第二天，施工的人来了，谭竹青不放心，亲自到现场监督，确保工程质量。

下水道维修好了，不再拥堵，大家的气也就顺了。

可是，谭竹青却眉头紧锁，她想到了另外一个问题：过去住平房的时候条件很差，但是邻里间都很和谐，帮着管家里的钥匙都没有问题，互相帮着照看孩子也没有问题，真是一家有事大家帮。可是现在呢？条件好了，住上了宽敞明亮的大楼房，邻里之间的感情却淡了。

十委社区是一个大家庭，过去那种邻里之间团结友爱的老传统不能丢。

谭竹青组织十委班子成员开议事会，认真研究了这个问题。经过讨论，综合大家的意见，谭竹青做出了一个决定：在社区里组织一个"邻居节"。

举办"邻居节"的通知发出去后，得到了全体居民的热烈响应。

"邻居节"这天，每家做一个最擅长的菜，到社区集中会餐。吃饭的时候，有人主动表演文艺节目，气氛热烈而融洽。

举办"邻居节"是谭竹青的一大创新，邻居们欢聚一堂，表演文艺节目，吃"百家宴"，很好地增进了感情。

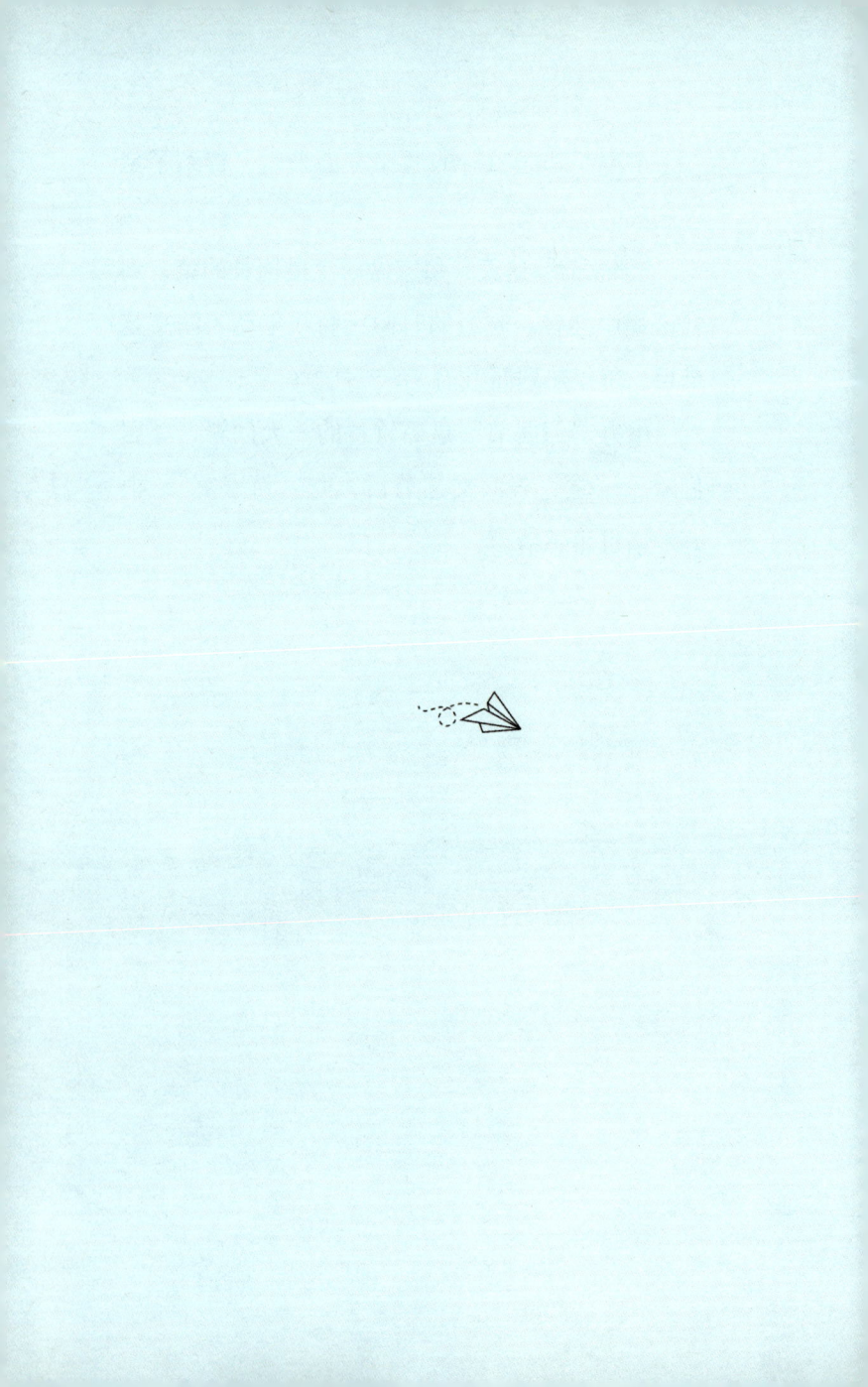

有特色的听证会

社区听证会是谭竹青主持十委工作时,根据实际情况制定的一项工作制度,也是十委工作的一大法宝。

听证会制度源于发生在社区的一起越级上访事件。

那是二〇〇五年,一天,正在办公的谭竹青被一阵喧哗声吸引了,她问社区的工作人员:"外面是咋回事?"

工作人员说:"好像是金老太在吵闹。"

金石芳老太太已经六十多岁了,她的事情谭竹青听说过一些。她在街上吵闹,一定是有什么事,谭竹青便走出了办公室,过去问个究竟。

金石芳没有工作,生活没有保障。她的子女呢,有的已经下岗了,有的则做生意赔了钱,生活都很困难,实在没有能力赡养金石芳老人。金老太便向社区申请了全额低保,经过审查,获得了批准。

可是,后来有的居民反映,金老太的儿媳妇有固定工作,具有一定的赡养能力。按照低保相关政策规定,金老太不应该享受全额低保。于是,社区负责低保工作的干部进行了走访和调查,拿到了她儿媳妇有固定工作的证据,群众反映的问题得到了证实。于是,按照规定,社区将金老太的低保金每月下调了三十元。

这一下,金老太不干了,几次到社区来吵闹,说是社区截留了她的低保金。社区工作人员耐心地给她解释有关政策,说明下调她的低保金的依据。可倔强的金老太就是不听,还要社区工作人员说出举报她的人是谁,要找那个人算账。

面对不说理又难缠的金老太,社区工作人员毫无办法,只好不理她。

没想到金老太不肯罢休,在胸前挂上一个牌

子，上面写着"申冤做主"的字样，到处上访，还跑到了上级部门闹，引得很多群众来看热闹。一时间金老太成了十委社区的上访户，很多群众口口相传，几乎每天都在谈论金老太上访的事情，闹得沸沸扬扬。

走出社区，谭竹青看到金老太正站在街边，拍打着自己胸前的牌子，说要跟社区干部讨个说法，补上她的低保金。

谭竹青走过去，问："金石芳，你这么大岁数了，胸前挂个牌子站在这儿闹来闹去的，好看吗？"

金老太理直气壮地说："我的问题不解决，我就闹。俗话说，闹孩子多吃奶，我得让你们社区的干部把截留的我的低保金吐出来！"

"你站在这儿闹，问题就能解决吗？"谭竹青严厉地说，"我看不但问题不能解决，还给社区抹了黑，也给你自己抹了黑！你以为这么闹，是啥好事吗？"

金老太问："谭主任，那你说咋解决？我只要找社区工作人员，他们就给我讲大道理，我听不懂,也不想听。"

金老太的话让谭竹青心里有了一点儿想法,要想金石芳不再上访,只有让她对这件事心服口服,而要让她心服口服,就得给她搭建一个平台,给她一个心服口服的机会。

于是,一个主意在谭竹青的脑中出现了。她把金老太胸前的大牌子摘下来,丢进垃圾箱,说:"我给你一个申诉和说理的地方。"

金老太问:"啥地方?"

谭竹青说:"我们召开听证会!"

在谭竹青的安排下,经过认真筹备,十委社区的听证会召开了。参加听证会的有社区领导、社区工作人员、居民代表、住在十委社区的人大代表和政协委员、低保评议小组成员。

谭竹青主持了听证会,她首先请金石芳发言,陈述自己的"冤情"。

见来了这么多的人,金老太觉得自己的腰杆子硬了起来,她毫不客气地讲述了自己低保金被下调的事情,认为是社区工作人员欺负她。

金老太讲完了,谭竹青问:"你口口声声说社

有特色的听证会

区截留了你的低保金,有证据吗?"

金老太说:"我……猜的!否则,我的低保金为啥少了三十元?"

谭竹青说:"猜的,不能作为证据。"

接着,由社区工作人员陈述下调金老太低保金的原因,工作人员拿出了低保的有关政策,还有金老太儿媳妇工作的调查证据。

在事实面前,金老太说不出话了。

居民代表、人大代表和政协委员先后发言,批评了金老太无理上访、越级上访的行为,讲清了这种无理上访的害处。

听到大家的批评,金老太的脸又红又热。

见听证会达到了预期目的,谭竹青示意大家不要再说了。她在总结时说:"金石芳没有根据进行无理上访、越级上访,肯定是不对的。但是通过这件事,也说明我们社区的工作还有做得不到位的地方,没有把金石芳的思想工作做好。我建议,我们十委社区从今天起,形成一个听证会制度,给社区的居民搭建一个说话的平台。只要我们做事情坚持公平、公开、公正的原则,就没有解决不了的问题。"

就这样,十委社区的听证会制度建立起来了,不仅可以调解纠纷、解决矛盾,其他一些涉及居民切身利益的事情,也都拿到听证会上来商议,听证会变成了大家发表意见的一个重要场所。

挣多少钱才够花？

一九九五年四月二十九日，全国劳动模范和先进工作者表彰大会在北京人民大会堂隆重召开。谭竹青作为当年吉林省唯一一个获评"全国劳动模范"的居委会主任，出席了会议。

这是一个很高的荣誉，谭竹青的脸上始终洋溢着喜悦的笑容。她暗暗地鼓励自己，荣誉只代表过去，今后要把十委的工作做得更好。

一位企业负责人和谭竹青交谈，说到了她的收入。"谭主任，你们十委作为一个居民委员会，能够创办那么多的企业，而且经营得那么好，效益可观，您又是全国劳动模范，您一个月的收入不少吧？"

谭竹青笑眯眯地回答："我的工资啊，不少，每个月一百多块钱呢。"

"啥？"那位负责人惊呆了，眼睛瞪得大大的，"您是不是在开玩笑啊？您怎么能拿那么一点儿工资呢？"

谭竹青说："我哪会骗您呢？我们十委这些年各方面发展确实比较快，挣了一些钱。可是，居民中还有一些人生活并不富裕，我这个主任，挣这些钱就不少了。"她看着负责人，认真地说，"这些钱，够花了。"

"够花？"负责人不信，"每个月一百多块钱怎么够花？"

谭竹青笑笑，反问道："那您说，挣多少钱才够花？"

那个负责人愣了一下，没有回答，只是笑笑，他冲谭竹青竖了竖大拇指。

每个月一百多块钱，这是每天都在为社区居民操劳的谭竹青的工资，这是把全部的爱都倾注在老百姓身上的谭竹青的工资，这是工作在基层的全国劳动模范谭竹青的工资，这是被老百姓称为"小巷总理"的谭竹青的工资。

也许,在那位企业负责人的眼里,一百多块钱太少了,连吃一顿饭都不够,可在谭竹青看来,这些钱不少了。

因为,谭竹青没有把金钱放在眼里,她把全部心思都放在了为人民服务上。

十委会计何桂贤跟随谭竹青一起工作了二十多年,她对谭竹青的工资收入最清楚,她梳理了谭竹青的工资变化情况:

一九八一年至一九八九年,谭竹青每月工资是二十元至三十元;

一九九〇年至一九九五年,谭竹青每月工资是一百二十元至一百五十元;

一九九六年至二〇〇三年,谭竹青每月工资是三百元至三百五十元;

二〇〇四年至二〇〇五年,谭竹青每月工资是八百九十元。

这四张工资单清楚地勾勒了谭竹青收入的变

化情况。

走进谭竹青的家,给人最直观的印象就是清贫。她家没有一样值钱的家具,家里的摆设几乎都是陈旧的,包括旧的布艺沙发,旧的老式家具,最显眼的是那两台老旧的电视机。她家不大的房子里,几乎被老古董一样的旧东西装满了。

而在谭竹青的带领下,十委先后创办了十七家企业,拥有两千多万元固定资产,年产值达千万元,累计向国家缴纳税金六百八十余万元。

其实,谭竹青是可以多挣一些钱的,她曾经有四次提干的机会,因为舍不得社区的居民,她放弃了。

十几年来,按照十委与街道办事处签订的经济承包合同等各个单项承包合同,谭竹青可以得到的奖金为十五万元,可是她一分奖金都没有拿,把钱全部用在十委的经济发展和救助贫困户、军烈属上了。

谭竹青的工资太低了,十委的干部多次提议给她涨工资,可谭竹青没有同意。她说:"带领大家致富是我的职责,是我应该做的。再说,十委发展到现在,也不是我一个人的功劳,组织上给了我那么多的荣誉,我觉得自己做得还不够,哪能给自己涨工资呢?"

谭竹青的工资太低了,但是她觉得够花。

谭竹青对自己的要求很苛刻,她给自己立下的规矩是:在市内办事,一律坐公交车。

有一次谭竹青去北京开会,自己带了午饭,那是一个非常便宜的蛋糕,她拿出来的时候,发现有的地方已经发霉了。可她把变质变色的地方掰掉,剩下的都吃掉了。她说:"火车上的盒饭太贵了,哪吃得起?"

谭竹青很少买新衣服,一件棉袄要穿上好几个冬天。

十委的工作成绩名扬海外,一些来自美国、英国、韩国、日本等国家的国际友人来十委参观学习,并邀请谭竹青去他们国家考察。能出国考察是一件很吸引人的事情,可谭竹青总是礼貌地谢绝。同事们觉得可惜,谭竹青说:"咱们十委这些年挣点钱不容易,可不敢乱花呀。"

谭竹青的工资够花,是因为她节俭。

可是，谭竹青也有不节俭的时候，那是在她帮助别人的时候。

而且，谭竹青经常做"私钱公用"的事情。

谭竹青一九五六年嫁给宋国华时，宋国华是水泥厂的技工，每个月的工资是七十多元钱。在当时，这属于高收入了。于是，谭竹青经常把自己家里的钱拿出去，帮助社区里有困难的人。

谭竹青的第四张工资单，是每个月八百九十元。这个工资标准，还是东站街道办事处开会研究做出的硬性规定，资金由街道办事处下拨。

这是上级部门做出的决定，谭竹青推不掉了。可是，这个工资标准，谭竹青享受了还不到两年，就永远地离开了大家。

干愿意干的事情才幸福

这一天,谭竹青正带着居委会干部召开议事会,研究十委社区环境整治的事情,街道领导忽然来到了十委,找谭竹青。

"谭主任,今天跟您说一件关于您个人的事情,也是很重要的事情。"街道领导开门见山。

谭竹青一愣,静静地听着。

街道领导继续说道:"是这样,区里把一个转干的指标给了我们东站街道,而且指名是给您的。为什么呢?因为在您的领导下,十委的工作做得很好,各项事业都取得了很好的成绩。在咱们东站街道,十委可以说是'窗口吹喇叭——鸣(名)声在外'了。所以,区领导考虑到您的贡献，还有您的威望和影响，做出了这个决定。这可是咱们东站街道唯一的一个转干指标哟。"

谭竹青没有说话，心里暗暗地琢磨这件事。

街道领导接着说："给您转干之后呢，您的工作就要发生变化，您要到东站街道办事处来工作，这样您的身份就变了，是国家正式干部了。"

临走，街道领导高兴地说："谭主任，这是个大事，也是个喜事，是您自己干出来的成果。现在社区的老百姓日子好过了，生活富裕了，各方面条件改善了，都是因为有您这个好带头人啊。您啊，为十委操劳了几十年，现在岁数一点点大了，身体还不怎么好，也应该换换工作环境了。过几天，就办理相关手续吧。"

听到这个消息，大家都替谭竹青高兴，叽叽喳喳地议论起来。

有人说："谭主任，这可是难得的好机会呀，唯一的指标特批给您，多好呀！"

有人说："谭姨，您都五十多岁了，这可能是您这辈子转干的最后机会了，您可得把握住啊。过了这个村，可就没有这个店啦。"

有人说:"这个安排属于奖励的性质,这是区领导对谭姨工作的肯定,也是对咱们十委的肯定。"

可是,谭竹青一言不发。

晚上,回到家里,劳累了一天的谭竹青早早躺下了,和老伴儿宋国华说了这件事。

"你说,这是一件好事吧?"谭竹青问。

"当然是好事啊。"宋国华说,"你想想,转为国家正式干部,你的身份就变了,这个变化可是很大的,你再也不是走东家串西家,处理家长里短的居委会大妈了。"

"那我是啥?"谭竹青问。

"国家干部啊,明知故问。"宋国华说。

"我知道。"谭竹青叹了一口气。

"这是一个很好的机会,其他居委会主任,连想都不敢想的。"宋国华说。

谭竹青又叹了一口气。

宋国华笑眯眯地看着谭竹青,问:"你不想转干去街道办事处上班?"

谭竹青似乎已经打定了主意。

宋国华指着谭竹青,哧哧地笑。

"你笑啥?"谭竹青佯装不悦,看着宋国华。过了一会儿,谭竹青也扑哧一声,笑了出来。

笑完了,宋国华给谭竹青把被子盖好,轻声说:"你啊,没有谁比我更了解你,你的心思我明白。"

谭竹青说:"我当这个居委会主任这么些年了,习惯了这种走东家串西家的工作,让我去街道工作,我还真不适应。"接着,她说,"我的平台就是十委,在这儿工作我心里才踏实,我离不开这些居民了。"

见宋国华没说话,谭竹青扭头看着老伴儿,问:"你赞同吗?"

宋国华重重地点头,说:"赞同!"

"知我者,老伴儿也!"谭竹青抓过宋国华的手,使劲拍了拍。

得到了老伴儿宋国华的支持,谭竹青第二天就去找街道领导,拒绝了转干的事情。她说:"这个唯一的指标特批给我,我这心里不安啊。要是领导真的照顾我、心疼我,就让我继续干这个居委会主任吧。"

街道领导不解地看着谭竹青。

谭竹青接着说:"干自己愿意干的事情,才是真正的幸福啊!"

很多人不理解谭竹青的决定,觉得实在可惜。但是,了解谭竹青的人都知道,这样的事情,此前她已经经历过两次了。

第一次是在二十世纪六十年代末,东站街道办的一家化工企业即将开工投产,需要一名厂长,街道领导第一个就想到了谭竹青,她年轻,有经济头脑,工作有魄力,是厂长的合适人选。

可是,当街道领导找谭竹青谈话的时候,她拒绝了。谭竹青说:"谢谢组织对我的信任,可是,我不能离开十委呀。现在正是十委发展的关键时期,一大摊子事等着我去做,有些还是很难办的事,我哪离得开啊?"

第二次是在二十世纪七十年代,一家大型国有企业到十委社区来招工,负责招工的干部对谭竹青说:"谭主任,您要是想来,我们举双手欢迎啊,我们企业就缺您这样的能人啊。"

进国有企业，是很多人梦寐以求的事。家里人也都劝谭竹青报名，去国企工作。

可是谭竹青还是拒绝了。

很多人不理解，说："那是国企啊，别人挤都挤不进去，人家指名欢迎你，你咋不去呢？当这个芝麻大的小官，一个月挣二十多块钱，哪儿多哪儿少咋还掂量不过来呢？"

也有人说："就凭谭主任的本事和能力，到国企干几年，肯定能提干，说不定能当个厂长。"

可谭竹青说："我理解你们的心情。可是，我的心在咱们十委呀。别看我在十委干的都是鸡毛蒜皮、家长里短的小事情，但是老百姓的事情，再小，也是大事啊。"

弟弟的委屈

要分配旧房了,谭竹青的弟弟谭志强兴冲冲地跑回家,对爱人说:"这回,咱家的住房条件可以改善一下了。因为,旧房分配委员会的主任是我姐姐。"

谭志强兴奋是有道理的。他们一家五口,居住在十委辖区内一个只有八平方米的旧房里,那还是新中国成立初期政府为解决困难群众生活问题建设的一批平房,多年过去了,房子已经老化。夏天,外面下雨,屋里也下雨;冬天,外面刮北风,屋里也刮北风。就是在这样的旧房子里,谭志强住了多年。换一个房子,哪怕是旧的,只要严实一点儿,不漏风不漏雨,谭志强就心满意足了。

最近,十委社区棚户区里空出了几户旧房子,需要重新进行分配,所以,蜗居已久的谭志强看到了换房的希望。虽然换的也是旧房子,但是起码比现在的小矮房强啊。

"在想换房的人家中,咱家的这个破房子是最破的。就是换一户,也应该是咱家。"谭志强胸有成竹地说。

能换个房子,是大事,一家人都很高兴。

公布房子分配方案那天,谭志强和家人欢天喜地地来到社区公告栏前,看刚刚张贴上去的房屋分配名单。

谭志强挤到前面看,可是,他从头看到尾也没有见到自己的名字。

"啊?"谭志强大吃一惊,他揉了揉眼睛,又看了一遍,还是没有。

于是,谭志强拉住社区的工作人员,问:"你们是不是弄错了,名单上怎么没有我的名字呢?我家的房子是最破的。"

工作人员解释说:"这个名单是没有错的。原来名单上确实有你,可是社区在最后审核时,把你的名字划掉了。"

"是谁划掉的?"谭志强气鼓鼓地问。

工作人员犹豫了一下,还是告诉了谭志强:"是你姐姐,谭主任。"

"啥?"谭志强惊讶地睁大眼睛。接着,他转身就往姐姐家跑,脚步咚咚地敲着地面,心里越来越气。

谭竹青一家人正在吃饭,见弟弟闯进来,谭竹青招呼谭志强:"来,一起吃饭吧。"

"吃啥饭?我已经被气饱了!"谭志强愤怒地冲姐姐嚷。

谭竹青一下子明白了,她放下筷子,把弟弟拉到一边,说:"你的名字,确实是姐姐给你划掉的。"

谭志强激动地说:"姐姐,你可是我亲姐姐啊!你咋能胳膊肘往外拐啊?这次分房子,我是不是符合分配方案里规定的条件?分房名单里是不是有我?房子都已经分配给我了,你为啥要把我的名字划掉?"

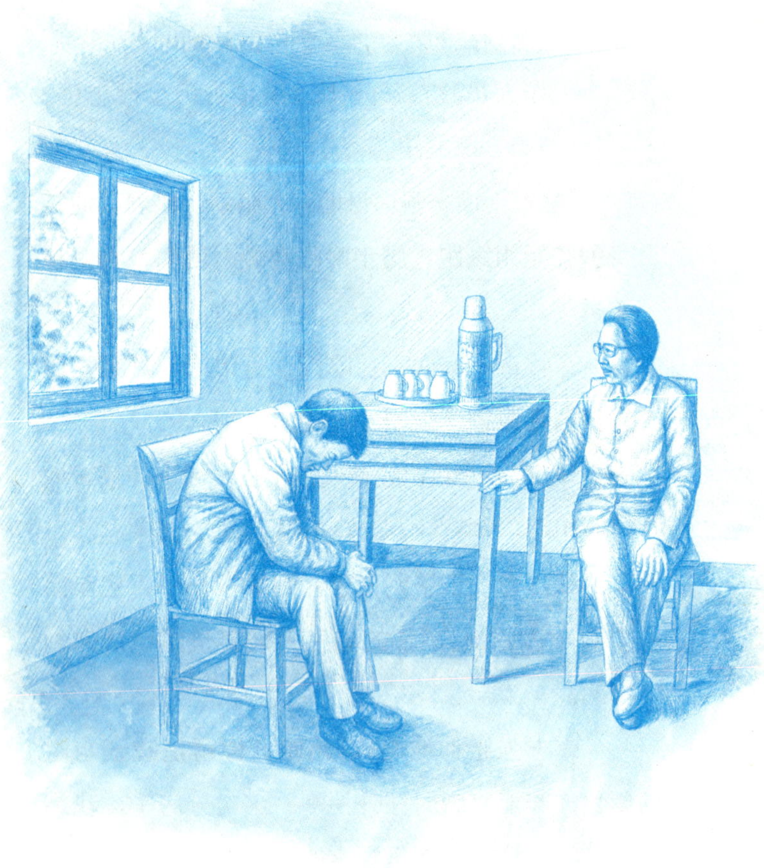

谭竹青等弟弟说完，拉着他说："志强啊，不是姐姐不疼你，姐姐也知道你家的境况。可是，分房子这件事社区里的每一个人都睁大眼睛瞅着呢。你也知道，符合条件的人家那么多，前些天就为了这几套房子，有的人家都快打起来了。在这种情况下，姐姐咋把这个房子分给你？你也得为姐姐想想啊，姐姐是真的有难处啊。要是把房子分给你了，以后，姐姐在十委就没法工作了。"

谭志强气愤地说："当你的弟弟怎么这么倒霉！这次分房，我符合所有条件，而且既没走后门，也没搞特权，要是因为我是你弟弟，就不给我分房子，那你就当没有我这个弟弟好啦！"说完，谭志强摔门而去。

谭竹青站在那儿，好一阵没有动弹，她的心里难受极了。

晚上，谭竹青来到弟弟家。弟弟心里的结解不开，她心里放不下。

谭志强见姐姐来了，扭过身，背对着姐姐说："你还来干啥？"

谭竹青坐下来，在弟弟的肩上拍了拍。

谭志强越想越委屈，说："咱爸妈走得早，就咱姐弟俩相依为命。小时候吃了那么多的苦，你总是护着我，最疼我。可是，现在你当主任了，有权了，却不如以前疼我了。"停了停，他抹抹眼角上的泪水，说，"其实我也没有让你动用你的权力，你就是按照条件正常分房就是了。偏偏因为我是你弟弟，就把我拿下来，我……我怎么摊上你这么个姐姐！"

想起和弟弟一起过的那些苦日子，谭竹青不由得鼻子一酸，也落了泪。她说："姐姐手里现在确实有几套房子，可是符合条件的要房户太多了。姐姐知道你家住房困难，但是好赖咱家住的还是瓦房，那些住在后接出来的偏厦子里的住户呢？那些一家老少三辈挤在一个炕上的住户呢？他们更困难呀。这些，我都得考虑啊。你让我这个主任咋办？事情就这么明摆着，要是把房子给了你，明明你符合条件，他们也会说闲话的。姐姐这么做，是从社区的整体来考虑的。姐姐知道你现在挺苦，可是比起咱们小时候，是不是好多了？起码，咱们吃得饱，穿得暖……"

听了姐姐的话，谭志强不说话了。

因为谭竹青把符合条件的弟弟的名字划掉了，分房的事情就容易了，对于居委会公布的分房名单，没有人提出异议。同时，居民们对谭竹青更加佩服了。

到了一九九六年，十委安居工程竣工时，谭志强才和其他五百多户居民一起搬上了新楼房。

二十世纪九十年代初，十委投资十二万元在南湖公园建设了碰碰车游乐场，经过三年的经营，已经收回了成本，居委会决定把这个场地租出去。

谭志强知道这件事后，找到谭竹青，表示他想租。

谭竹青说："可以，但是租金九万。"

"啥？"谭志强吓一跳，"姐姐，你是狮子大开口啊！"

经过居委会研究，在相关人员协调下，承包费降到了六万。

为这件事，谭志强对姐姐很是不解，觉得自己有这么个当主任的姐姐，却啥光也沾不上。

弟弟的委屈

后来，姐姐谭竹青做的一件件事，得到了居民的交口称赞，人人都对她十分尊重，都愿意叫她"小巷总理"，谭志强才理解了姐姐，也由衷地佩服姐姐。

婚礼上的特殊贺词

谭竹青的外孙女岩岩,从小和姥姥生活在一起,是谭竹青看着长大的。

岩岩还是个小学生时,有一次她问谭竹青:"姥姥,咱家咋每天都来那么多人?"

谭竹青回答:"因为咱家就是姥姥的办公室啊。"

岩岩问:"办公室都是上班的地方,咱家咋成了办公室?"

谭竹青说:"社区的居民来咱家找我方便啊。"

岩岩说:"他们来找你,说的也不是咱家的事。"

谭竹青说:"他们找我说的事情,就是姥姥应该做的事情。"

岩岩说:"不明白。"

谭竹青将岩岩拉到身边,摸着她的头,慈爱地说:"孩子,你还小,还不懂,这就是姥姥的工作。"

岩岩有这样的疑问不奇怪。

有一天,傍晚时分,姥姥疲惫地回到家里,姥爷已经准备好了饭菜,他将饭盛好,放在姥姥面前。姥姥洗了手,刚端起饭碗,还没吃上一口饭,就听见屋外有人喊:"谭主任……"

进来的是十委养老院的工作人员,对谭竹青说:"益寿院的两个老人发烧了。"

姥姥放下饭碗,说:"走,看看去。"

他们出门走远了,姥爷无奈地摇摇头。

又有一天,姥姥正在做饭,有居民敲门急匆匆地进来,说:"谭主任,不好了,我家门口的自来水管破了,流了满院子的水……"

"这还了得?不赶紧处理,得浪费多少自来水啊!"姥姥说着,丢下手里的活计,忘记锅里还炖着菜，急忙跑了出去。

还有一次，岩岩正在睡觉，迷迷糊糊中，她听到家里来人了，正急火火地跟姥姥说话。

姥姥赶忙从被窝里爬起来，穿好衣服和那个人走了，岩岩看看石英钟，已经是半夜了。

"姥爷，姥姥半夜不睡觉，干啥去了？"岩岩问。

姥爷也穿上了衣服，说："两口子打架了，你姥姥去调解。你睡觉吧，我去看看。这黑灯瞎火的，你姥姥可别摔着。"

类似这样的事例，岩岩能讲出很多。

让岩岩特别佩服的是，虽然姥姥很忙，也很辛苦，可她从来不嫌麻烦，也从不推诿，总是热情和蔼地接待来家里反映问题的居民，及时处理社区里发生的事情，没有半句怨言。

岩岩问姥姥，这是为了啥？

姥姥回答："上有国务院，下有社区办。姥姥当这个社区主任，就得为官一任，造福一方。为社区居民排忧解难是一件多么幸福的事啊！为了群众少一分忧愁，多一点儿快乐，姥姥就应该少休息一会儿,多受点累。"

为了让岩岩掌握更多的知识和技能,爸爸妈妈给她买了电子琴,让她报名参加电子琴学习班。岩岩很喜欢弹琴,学得很认真。

到学习班学习,每周只有一节课,弹琴的更多指法、技法,则需要岩岩自己在家里练习。每天下午放学后,写完作业,岩岩都要拿出一点儿时间来练琴。

这天,姥姥回到家里的时候,岩岩正在练琴。

姥姥歪着脖子看了一会儿,趁着岩岩停下来的间隙,问:"孩子,你弹的这是啥曲子?"

见姥姥用怀疑的目光打量着自己,岩岩问:"咋了?"

姥姥说:"你弹得是不是太忙乱,太慌张了?有点像什么人在逃跑。"

岩岩忽然大笑起来,说:"姥姥您可真逗!谁在逃跑呀?告诉您,这是我练习的一首曲子。"她指着琴架上的乐谱说,"您看,每个音符的头顶上都有一个小圆点,那是跳音。跳音弹起来就得短促,有跳动感,老师就是这么教的。"

姥姥也笑起来，说："那是姥姥不懂，这首曲子叫啥名？"

"《用脚尖赛跑》。"岩岩举着乐谱让姥姥看。

姥姥做饭去了，一边干活儿还一边念叨："用脚尖赛跑？这曲子有意思。"

练了一阵，那些跳音岩岩总是练不好，听起来缺少节奏感，真的有点像姥姥说的像什么人在逃跑。

琴练不好，岩岩就有点泄气，她推开乐谱，不练了。

做饭的姥姥看到岩岩很烦躁，走过来，说："孩子，你现在练琴是苦了点，可以后在社会上没有一技之长可不行啊！还得咬牙继续练，以后肯定用得着。"她把乐谱拿起来，摆在岩岩面前，"这乐谱姥姥是不懂，但是你懂。好好练，你一定能练好的，姥姥相信你。"

看了看姥姥，岩岩的手指又放在了琴键上，灵巧的手指开始在琴键上"舞蹈"，一连串轻快的跳音跳了出来……

多年后，岩岩考上了吉林的一所艺术学院，

婚礼上的特殊贺词　157

毕业后成了一名中学音乐教师，还先后获得了吉林省十佳教学新秀、长春市十佳教师、长春市骨干教师等荣誉称号。

二〇〇一年，岩岩结婚了。在婚礼上，姥姥没有说别的长辈常说的那些祝福的话，而是语重心长地嘱咐岩岩和她丈夫："孩子，结婚后别忘了学习，要学习'三个代表'，要坚持看《新闻联播》，要关心时事，要在工作上干出成绩……"

听了姥姥的话，现场的来宾有人笑起来，因为他们第一次听到婚礼上老人给一对新人这样的祝福，觉得新鲜。

但是在姥姥的呵护下长大的岩岩了解姥姥，也懂姥姥。她知道，姥姥说的这些话是发自内心的，因为她自己就是一个使命感、责任感特别强的人，她自己就是这么做的。

在岩岩的婚礼上，姥姥用这样的特殊贺词，希望岩岩小两口好好生活，好好学习，好好工作。

岩岩没有辜负姥姥的期望，在姥姥的影响下，她思想进步，加强学习，努力工作。二〇〇六年，岩岩光荣地加入了中国共产党。

　　直到后来，姥姥去世后，岩岩接过接力棒，放弃教师工作，回到十委社区，服务大家。

特殊的"钉子户"

"钉子户"这个词,通常指的是那些对拆迁补偿提出过高要求,而且拒不配合拆迁工作,在大部分人家都已搬离的情况下,仅剩的几户或者一户人家。这样的人家如同钉子,钉在原地,影响整个拆迁工作的顺利进行。

东站街道十委社区也有一个"钉子户",这个"钉子户"与众不同,就是为十委社区棚户区改造做出巨大贡献的谭竹青。

把谭竹青说成是"钉子户"的,是开发商刘经理。

那天中午,刘经理真的有点生气了,他没想到谭竹青竟然拿他的话不当回事,甚至当成了

"耳旁风"，这么不配合他。

刘经理对公司办公室主任说："你现在就去，把回迁的居民代表找来，我要给大家开个会，无论如何也要拔掉谭竹青这个'钉子户'！"

十委第一期安居工程结束了，一部分居民即将喜迁新居。按照刘经理的想法，安居工程第一期完成后，谭竹青应该随第一批搬迁的居民先搬进新楼。因为她家的小房子实在是太差了，就是个偏厦子，低矮且潮湿。而为了这次安居工程能够顺利进行，最操心的人就是谭竹青。

所以，刘经理打算让谭竹青先搬家，住上宽敞明亮的楼房。交接那天，刘经理特意找到谭竹青，说了自己的想法。

谁知，谭竹青竟然不买账，拒不接受刘经理的安排，非要做最后一个回迁的"钉子户"不可。

谭竹青说："刘经理啊，当初我动员居民们动迁的时候，跟大伙儿可是郑重承诺过的，我保证最后一个回迁，让大家先住上楼房。现在新楼房建好了，我哪能说话不算数呢？我这不是自己打自己的脸吗？"

刘经理说："我们做事情应该论功行赏，您贡献最大，这一点，社区里的任何人都没有异议。到今天，我还清楚地记得您冒着雨，打着伞，去我家里找我谈安居工程的事，我真的被您感动了。现在，房子建好了，您和我描述的那个美好愿景已经实现了，您作为启动者、推动者，优先搬进新楼，天经地义。再说，您不挑楼层，不抢户型，不争面积，不讲条件，已经起到表率作用了。您这个当主任的，咋还成了回迁'钉子户'呢？我真是不懂。"

谭竹青笑了笑，说："刘经理，这回你不就懂了吗？"

刘经理跟谭竹青的交谈，以失败告终。

这一次，刘经理打算依靠居民代表的力量，一起说服谭竹青。

其实，刘经理这么做，也是发自内心地心疼谭竹青。他的心思和社区全体居民的心思是一样的。

办公室主任很快将居民代表召集到一起，刘

经理挥挥手，说："走，大家跟我走，我们找谭主任去。"

"啊？找谭主任干吗？"居民们不知道咋回事，都有点发蒙。

刘经理说了自己的想法："我们趁着谭主任中午在家，一起去给她施加压力，逼她就范！"

居民代表听说去找谭主任是让她先搬进新楼，纷纷表示应该这样，这也是居民的共同心声。

于是，一群人精神头十足，径直来到谭竹青家。

谭竹青果然在家，正在吃午饭，见到刘经理带着一群居民找上门来，吓了一跳。她站起来，问："老刘啊，你带这么多人来干吗？你这是唱的哪一出啊？"

刘经理冷着脸，不客气地说："谭主任，我们来是强迫你第一批搬进新楼的。"

谭竹青放下饭碗，说："老刘，这件事我不是已经跟你说好了吗？我要最后一批搬进新楼，你们谁也不用劝我了。"她拉着居民们的手，接着说，"当初，劝大家伙儿腾房的是我，现在新楼房建好了,让我先搬进新楼,让我先挑楼房,那哪行啊?"

居民代表说:"谭姨,您不搬上楼,我们心里不安啊。"

谭竹青说:"这件事我已经计划好了,等大家都搬完了,住上了新楼房,我再搬也不迟。"

刘经理不干,他指着围拢在一起的居民代表说:"谭主任,今天这些居民代表可是都听我的指挥。搬进新楼这件事,今天你是搬也得搬,不搬也得搬。"

说着,刘经理拿出随身携带的房屋结构图纸,打开,铺在桌子上,说:"你看,我把图纸都拿来了,就是让你随便挑一户。"他拍着胸脯说,"我老刘不是小气的人,你谭主任挑房子,挑哪一户我都没有意见,而且,面积超了,多出来的面积我一分钱也不要,就当是送给你的了!怎么样?我老刘是不是很敞亮?"

大家都七嘴八舌地说:"谭姨,刘经理说的就是我们的心里话。您要是不搬,我们就谁也不搬。"

"我们就是想让谭姨您先住上楼房。"

"这是我们的一片心意。"

"谭姨,我把搬家的车都开来了,就等您一句话,咱就帮您搬东西。"

"谭主任,你看看图纸,选个大户型,让刘经理出点'血',贡献点面积!"

看着刘经理和居民代表热切的目光,谭竹青的心热热的。"多好的居民啊,都在为我着想。"

老伴儿宋国华激动地劝谭竹青:"咱们搬吧,这是刘经理和大伙儿的一片心啊!"

所有人都看着谭竹青,等着她说话。

谭竹青冲大家点点头,深情地说:"谢谢大家,大家的心意我领了。今天这件事,我就听大家的,搬!"

谭竹青终于同意了。

刘经理紧紧地拉着谭竹青的手,说:"老姐姐,这就对啦!您不能当这个特殊的'钉子户'啊。"他在图纸上拍了拍,说,"您挑房子吧,我老刘说话算话,您随便挑。"

居民们乐得急忙动手,帮助谭竹青收拾家里

的东西,往停在门外的车上搬。

看着图纸,谭竹青指着一户房子,说:"就这户吧。"

刘经理俯身看了看图纸,然后抬起头,看着谭竹青,说:"老姐姐呀,你这是……"

谭竹青只选了一间普通的两居室房子,面积只有六十多平方米。

"小巷总理"精神在传承

二〇〇五年的冬天,积劳成疾的谭竹青病倒了,住进了医院。

二〇〇五年十二月三日,一直处于昏迷状态的谭竹青慢慢地睁开了眼睛,看到十委社区的工作人员时,她用十分微弱的声音说:"居民议事会安排好了没有?明天的会议我怕是去不了了,给我请个假吧。"她的目光里充满了牵挂和无奈,眼睛也湿润了。

在社区工作了近五十年的谭竹青,弥留之际依然牵挂着她深爱的社区事业,牵挂着东站街道十委社区的居民。

为居民操劳了一辈子的谭竹青,离开了她热

爱的事业，离开了她牵挂的居民。

那一天，长春市下了入冬以来的第一场雪，洁白的雪花从高远的天空中缓缓落下，似乎在悼念谭竹青这位在平凡的岗位上做出了不平凡事迹的老人。

谭竹青确实是一位不平凡的老人，她用自己全部的爱，温暖了社区广大居民的心，为百姓做了数不清的实实在在的好事。

十委社区的居民都亲切地称呼谭竹青为"小巷总理"。

同时，党和人民也给予了谭竹青很高的荣誉，其中国家级的奖励就多达十几项：

一九八八年荣获公安部三等功；

一九八九年被评为全国三八红旗手、全国优秀党务工作者，荣获司法部一等功；

一九九三年被评为全国模范人民调解员；

一九九五年被评为全国劳动模范、全国优秀居委会主任"孺子牛"；

一九九六年被评为全国优秀党务工作者；

一九九七年被评为优秀人民调解员、中国保

护未成年人杰出公民；

一九九九年被评为全国模范人民调解员；

二〇〇二年被评为全国社会治安综合治理先进个人；

二〇〇三年被评为全国社区志愿者先进个人；

二〇〇四年被评为全国优秀社区工作者；

……

谭竹青还获得了吉林省、长春市各类荣誉一百六十多项（次）。

二〇〇九年，谭竹青被评为100位新中国成立以来感动中国人物之一。

谭竹青逝世后，大家共同总结和提炼了谭竹青精神，概括为四十个字：

牢记宗旨、胸怀全局、情系社区、心系居民、脚踏实地、默默耕耘、不畏艰难、勇于开拓、淡泊名利、无私奉献。

谭竹青精神的核心内涵是：一心为民。

谭竹青在社区工作近半个世纪，把广大居民当作自己的亲人，始终把居民的利益放在第一位，时刻把居民的安危冷暖放在心上，心里装着居民，凡事想着居民，一切为了居民，甘当居民的"孺子牛"。

她走百家门，知百家情，解百家难，暖百家心，竭尽全力为百姓办实事，坚持不懈地为百姓做好事，千方百计为困难群众解难事，把党的温暖洒向广大居民，把政府的关怀送进千家万户。她用满腔的热情和忘我的工作，忠实地履行了全心全意为人民服务的根本宗旨，她以公仆的情怀和终生的奉献，默默地谱写了一心为民的动人篇章。

谭竹青虽然离开了我们，但是她的精神却没有消失，依然在十委社区广为流传。

十委社区一代代主任都以谭竹青为榜样，用谭竹青精神鼓舞和激励自己。

我在十委社区采访时，社区党委书记、居委会主任汪洋领着我来到社区办公楼五楼谭竹青同志事迹展厅，详细地向我介绍了展品和图片。她说："现在，到十委社区工作的新人，第一项任务就是当好展厅的讲解员，先做谭竹青故事的讲述人，再做谭竹青精神的践行者。"